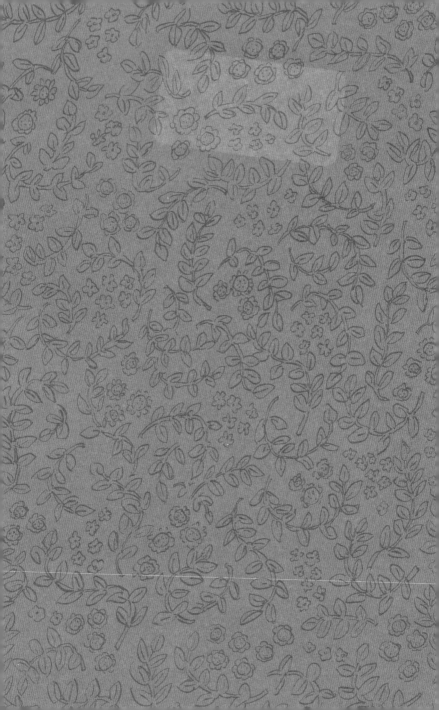

耳をすまして
目をこらす

〜いろとりどりの子どものきもち〜

文京区立お茶の水女子大学こども園園長
宮里暁美

「今」を生きている子どもたち

ある晴れた春の日、ダンゴムシを見ながら「どうして羽がないの？」と聞いた子がいました。「？」がいくつも出てくる問いです。ダンゴムシに羽はなく、大人ではそんな問いは浮かびようがないからです。でも、子どもたちといると、そのような問いとよく出会います。

「？」と首をかしげてしまうような問いに驚かされながら歩む日々、それが子育ての日々ではないかと私は思います。お母さんやお父さんの心や時間に余裕があれば、子どもの小さな「なぜ？」に少しのあいだ付きあうことができるでしょう。そうすれば、きっと楽しくなると思います。

「そうかあ、チョウチョには羽があるけどダンゴムシにはないね」と語り合ったり、羽のあるダンゴムシが丸まろうとして悪戦苦闘しているようすを想像したり、「ミミズに羽があったら？」「カエルは？」なんて、さらに想像を広げて笑い合ったりしたら、楽しさはどんどん広がるでしょう。子どもたちが大好きなのは、そういう時間なのだと思います。

でも、生活のなかでは、うれしい時間はそう簡単に訪れないように思います。なぜならば、子どものそばにいる大人の心や時間に余裕がある状態はなかなかないからです。そして、大人の側に余裕がないときにかぎって、子どもたちは不思議な質問をしたり、ガンコな主張をしたりします。

もう保育園に行く時間！　お風呂に入る時間！　もう寝なくちゃ！しなくてはならないことが迫ってきて大人の心に余裕がないとき、子どもの「なぜ？」や「どうして？」をおもしろいと感じることがなかなかできません。「めんどうくさい」になってしまうのです。子どもの同じひと言が、おもしろくなったり、めんどうくさくなったり。子育てってって本当になぞめいていますよね。3人の子どもを育てながら仕事を続けてきた私の実感です。

親として3人の子を育てたときの思い、幼稚園やこども園で保育者として子どもたちと過ごしているなかで気づいたこと、道を歩きながら目にしたこと、孫たちとの幸せな時間のなかでのことなど、5年間、月刊『赤ちゃんとママ』に書いてきました。このように1冊の本になるということは、このうえない喜びです。ありがとうございます。

この本の中に詰めこんでいるのは、ママやパパたちへ向けて、子育ての楽しさやうれしさ、それを感じられる心のもち方について、私なりの言葉で表したものです。長いあいだに書きためたものをまとめて読み返してみると、実際に自分がしたことも少しはありますが、大半はあとで考えてみたことだったり、こうしてみたらまた違った景色が見えたのではないかな、といった気づきだったりします。すぐに役立つものではないかもしれませんが、子どもと過ごす時間の色合いや香りが少し変わるきっかけが、見つかるかもしれません。

お母さんやお父さんの気持ちが少しだけ楽になって、木の上でさえずる鳥の声が聴こえてきたり、さしこむ光のきらめきに目が向いたりするきっかけになってくれたら、とてもうれしいです。

2021年春　宮里暁美

COTENTS

COTENTS

時間をかけて あなたらしい「親」に

初めまして！　自称〝子育て応援隊〟の宮里暁美といいます。私は幼稚園の教員を長くしてきました。虫が好き、どろんこが好き、コマが好き、謎が好き、とにかくおもしろいことが大好きです。

私は働きながら3人の子どもを育ててきましたから、保育園には15年間お世話になりました。子育てのあいだ、いっしょに遊んだり助け合ったりした近所の子育て仲間は今でも心のよりどころです。

そうして育った子どもたちが、今度は親になる時代になりました。孫の誕生を前にして、長男を産んだときのことを思い返してみました。

2015.05

初めての出産では長い時間がかかりました。ようやく生まれたわが子を腕に抱いたとき、小さいけれど、力いっぱい生きていることに感動する一方で、自分は何ひとつ変わっていないことにとまどったことを覚えています。赤ちゃんを産んだ瞬間、自分の中に「母親らしさ」とでも呼びたい何かがバキバキバキッと音を立てて出現して、今までの自分とはまったく違う「母親」というものに変身するのではないか！　と思いこんでいましたから。それは小さな赤ちゃんを抱いている自分が、実に頼りない存在だということをはっきり自覚した瞬間でした。

おっぱいをあげてゲップをさせて、オムツをかえて、というひとつひとつのことを恐る恐るやりながら、少しずつ、本当に少しずつ、私は「親」になっていったような気がします。それは今も続いている思いです。「親になる」には、とにかく時間が必要なのだと思います。

お母さんになったみなさん、あわてずゆっくり時間をかけて、あなたらしい「親」になっていってください。急がなくて大丈夫ですよ。

子どものまなざし　親のまなざし

「まなざし」という言葉は私の大好きな言葉です。まなざしとは、物に視線を向けるときの目の表情やようすをさします。まなざしには、見る人の意思のようなものを感じさせる何かがあるように思います。

赤ちゃんを見ていると、何かを見つめたり目で追ったり、何かに耳をすましているように思える姿に出会うことがよくあります。ちょっと眉をしかめて、大人びた表情を浮かべています。

そんなとき、「何を見ているの？」と問いたい気持ちをおさえ、赤ちゃんが見ている方角に目を向けてみます。いとおしいという気持ちをもちながら、「子どものまなざし」の向こうにある何かに視線を送ってみます。いったい何だったの？　という謎で終わることが多いこの営みのなかではぐくまれていくもの、それが「親のまなざし」ではないかと思います。

赤ちゃんのまなざしとあなたのまなざしをゆっくり重ねながら、今を存分に味わってみてください。

第 1 章
子どものことば

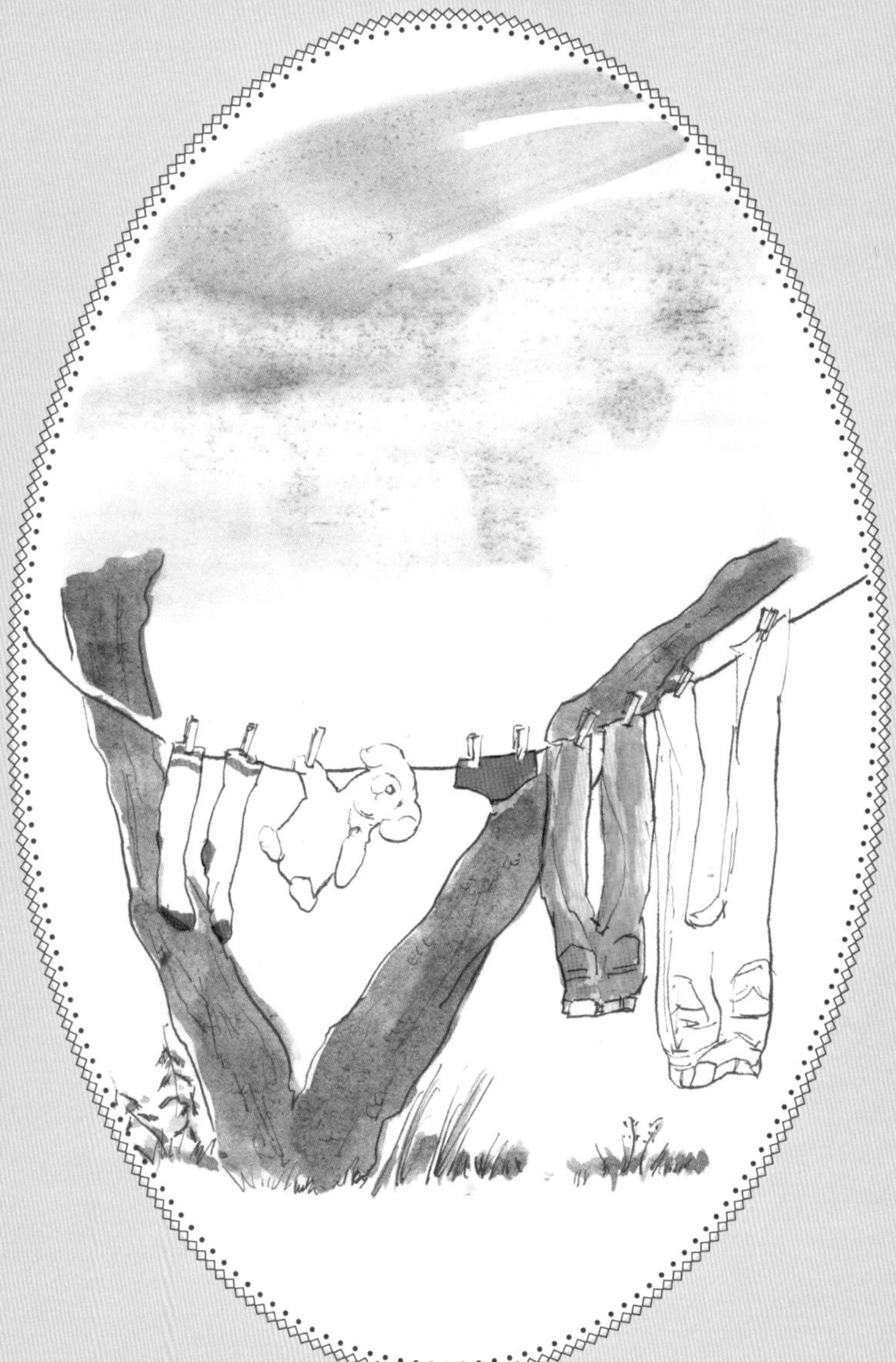

ニコニコのまなざし

2016.09

◆全身からあふれる「やりたい！」

過ごしやすい季節になり、子どもたちの動きも活発になっていきます。活力にあふれた子どもたちと接していると、元気をもらっているように感じることがあります。まさに「子ども力」です。

こども園の赤ちゃんと接していて、赤ちゃんはいつも何かに驚いているということに気づきました。目の前にあるものに手を伸ばし、手に触れたものがコロンと転がると目を丸くして見ています。びっくりしたあとにおもしろい！　と感じたのでしょうか。もう一度手を伸ばしてコロン！　その繰り返しを楽しんでいます。自分が手を触れることで世界が変化する、という秘密を驚きとともに味わっているのかもしれません。

赤ちゃんが、こんなふうに何かをやりたがっているときにはゆっくり見守っていましょう。ニコニコと笑いながら見てくれているお母さんやお父さんのまなざしは、赤ちゃんの心に届くメッセージです。たくさんの言葉をかけなくても、「おもしろいね」「わあ、すごいね」と温かい言葉をかけられ、見守られて育った赤ちゃんは、とても安定しているように思います。

もう少し大きくなって指の使い方が巧みになってくると、やってみたくなることがどんどん広がっていきます。小さなすきまを見つけて、そこにいろいろなものを入れてみようとしたり、棚の上にあるものを取ろうと手を伸ばしたり、体じゅうから「やりたい！」という気持ちがあふれています。いよいよおもしろくなる時期ですが、同時に思いもかけないケガをしがちなころでもあります。子どもの「やりたい！」気持ちを応援するのは、なかなか大変です。

◆違いは「差」ではなく、子どもの「今」

0歳児クラスの子どもたちは、立つようになったかと思うと、次には歩くことが始まりました。おぼつかないように見えますが、「歩く！」という意志はかたく、時間をかけて一歩を踏み出します。そんな子どもたちといっしょにいると、人が育つための大きな力に圧倒される気がします。

こども園では毎日散歩に出かけます。大学内にあるので散歩もキャンパスの中、安心できる空間が広がっています。子どもたちのお気に入りの場所に3段だけの階段があります。保育者に見守られながら、手をついて上ったり下りたり。どうやら、ちょっとした段差は子どもの「やりたい！」を引き出すようです。ようやく歩きはじめたばかりの子どもたちの心の中に、そんな「やりたいの種」があったなんて驚きです。

「同じ階段の上り下りでも、子どもによって全然違うんですよ。がむしゃらに突き進む子もいれば、1段上がってまた下りたり、下に座ってみんなのことを見ていたり…」

そう言って笑うのは、子どもたちと毎日過ごしている保育士です。それぞれの違いは、それぞれの大事な「今」であって、差ではない。何人もの子どもを見ている保育者だからそう考えられるのかもしれませんが、わが子の応援団長であるお母さんたちにこそ、もってほしい視点です。

いとしのわが子は今、何をしたいと思っているの？　どんなふうに過ごしているの？　と、よく見ていると、やりたいことが見えてくるように思います。そこをよじ登りたいんだ、そうかそうか、というぐあいに。

そばで子どもの手を取ったり支えたり、危なくないようにまわりをかたづけたりしながらも、子どもの動きはできるだけ止めないでいられたらいいですね。子どもは安心できるお母さん、お父さんが、そばにいるから「やりたい」と思えるのですから。

◆

「育ての心」

2017.01

◆話しかけてきた男の子

子どもたちは日々成長していきます。その成長は子ども自身の力や意思によってもたらされます。親や祖父母、保育者はその伴走者のような立場です。子どもの力を信じて子どものすぐそばや少し前を走ったり、ときには立ち止まってゆっくり待ったり、伴走者には根気強さが求められます。

日本の幼児教育の父ともいわれる倉橋惣三は、著作『育ての心』(フレーベル館)の中で、「自ら育つものを育てようとする心」という言葉を残しています。それが親の心でもあり、保育者の心だというのです。

あるこども園に遊びに行ったときのこと。2歳の子どもたちが園庭で遊んでいました。そのようすを見ていたら、1人の男の子が私に話しかけてきました。

私は人の話を聞き取るときに少し時間がかかります。男の子は私に何かを伝えようと頑張り、私もその子の口元に耳を近づけて一生懸命聞こうとしました。すると、「はっぱ」という言葉が聞き取れました。「ああ、はっぱね！」

とうれしく答えると、その子はようやくわかってくれたのか、という顔で笑いながら木を指さしつつ、「はっぱ、きた！」と言いました。

このことを、その園の先生に話すと、「まあ、あの子がそんなことを」とおっしゃったのです。実はなかなか言葉が出てこない子で、保護者も先生たちも心配していたなか、最近急に話しはじめたということでした。その子が初めて会った大人に自分から話しかけ、言葉を発したことに先生方は驚かれました。

私もびっくりしました。その子が、言葉が遅いと心配されていたとは到底思えなかったからです。

◆子どもの「育とう」とする力

私に話しかけてくれたその子はとても熱心でした。伝えようとしていることが伝わらなくても、あきらめたり、怒ったりしないで辛抱強く何度でも言い直してくれました。ようやく言いたいことが私に伝わったときには最高の笑顔を見せました。そして木を指さし、「(ここから)はっぱ、きた！」と教えてくれたのです。この短い言葉の中にたくさんの思いが詰まっているように感じられました。

話し始めるようになったばかりの子の言葉が「はっぱ、きた！」なんて、すてきだと思いませんか。この子はきっと、ゆっくり言葉を自分の中にためこんでいたのではないでしょうか。

園庭で遊び、木を見上げ、落ちてきた葉を拾い、手に取る。そのようなことを繰り返し体験しながら、たくさんのことを心とからだの中に蓄えていたからこそ、時が満ちて今回の言葉が生まれたのだと思います。まさに「自ら育とうとしている」姿です。

自ら育とうとするものを育たせようとする「育ての心」をもって、この一年、子どもたちと過ごしていきましょう。

子育ての日々を紡いでいきましょうね。

子どもの心と言葉が育つ場所

2017.09

◆食卓での会話

息子夫婦から、まもなく2歳になる孫の動画が届きました。食卓で枝豆のさやを指で押したら、1粒の豆が顔を出してびっくり！「まめ、まめ、まめ、まめ」と、連呼しています。ひとしきり呼びかけて満足したのか、こんどはお母さんを見て「まめ あった！」と報告。それに対してお母さんが、「まめ、あったね。食べていいのよ」と言うと、パクリと食べました。続けてもう1粒食べようとしたとき、ぽろりと落ちました。孫は「お！」という表情をし、食卓の下をのぞきこんで、「まめおった(落ちた)、まめおった」とつぶやいていました。

この動画を見て、子どもが言葉を獲得していく場面に「食事」は大切なんだと感じました。翌日、私はこども園の食事場面で交わされる言葉に耳を傾けてみました。パクリと食べて、おいしいという気持ちから「おいちい」という声が出ます。そばにいる保育者も笑顔で「おいしいね」と答えます。保育者が「お魚も食べる?」と声をかければ、「おさかなたべる」と答える子がいます。「もぐもぐしてね」と呼びかければ「もぐもぐする」と言いながら、かみはじめます。「あつい」「もっと」「いらない」など、言葉を発するきっかけはいろいろありますが、共通しているのは、そばにいる大人に発していることとです。

食べ終わった子に「よく食べたね。ごちそうさまね」と呼びかければ、「…さま」と言います。「ごちそうさま」のリズムを感じながら、言えるところだけ言う。これも言葉を獲得するひとつのプロセスです。「食事」は栄養補給として大切ですが、心の栄養も補給されています。そばにいる大人が「食べようね」と手助けしたり、いっしょに食べながら「おいしいね」と呼びかけたりする時間、子どもの心の中にはうれしい気持ちとともに「言葉」もとりこまれていくのですね。

◆大人がおいしく食べる姿

一方で、食事は葛藤の場面にもなりがちです。きのうまで食べていたものを「いらない」「食べない」と言ったり、なかなか食がすすまなかったり。育児の悩み1位は、食事といっても過言ではないからこそ、パパやママ、いろいろな大人の協力態勢のもと、食事を進めたいですね。

子どものそばで口やかましくない程度に世話をしつつ、おいしく食べる大人がひとりいると、子どもはさまざまなことを吸収していくと思います。子どもの心と言葉が育つ場所として、「食事」を大切にしていきたいですね。

手が語る声に心を傾けて

2017.10

◆そっと触れるしぐさ

「目は口ほどにものを言う」ということわざがありますが、子どもたちと過ごしていると、「手」にも同じことが言えるように思います。

赤ちゃんが熱心に床に落ちていた小さな紙の切れ端を、親指と人さし指をいろいろに動かしながらつまみ上げようと奮闘しています。「これ何?」「とれるかな?」「あともう少し」などの言葉が指先から聞こえてきます。

2歳の子が、お気に入りの絵本を何冊か自分のまわりに置いています。ほかの子が近づくと不安になるのでしょうか、本の上に手を置きました。「これ、私のだから」「とっちゃヤだよ」と、そのしぐさが雄弁に語っています。

泣いている子がいると、その子の頭にそっと触れたり、泣いている子の話を聞いている先生の肩に手を置いたりする子もいます。〝そっと触れるしぐさ〟から、「どうしたのかな?」「大丈夫?」という言葉にならない思いやりが伝わってくる瞬間です。願わくば、その手を払いのけることがないように。「向こうへ行ってなさい」「じゃましないで」と言ったりしないで、と思います。

手が語る子どもの声を受けとめることができたら、かける言葉も変わってきます。「○○ちゃんのこと、大丈夫？　って思ってくれたのね」「心配なんだね」と。こんなふうに、手が語る声を受け止められて育った子は、自分に自信を持ち、自分からかかわることがふえていくと思います。

◆希望の手

〝子どものしつけ〟についてインタビューを受けたとき、叱り方の一例として「手をたたく」行為が話題になりました。質問者は手をたたかれてしつけられた経験があるとのことでした。「手をたたかれる」という記憶が私にはなかったので、さわってはいけないものに手を出して親からたたかれたシーンを想像してみました。たたかれた瞬間、私だったら驚いてからだをすくめてしまう気がしました。そして、なんだかとても悲しい気持ちになりました。

さし出した手は明日へと向かう希望の手です。子どもたちは自由に動くことが許されているという安心感があるから、無防備に未知のことに手をさしのばしていきます。ときには困らせたり、同じことを繰り返したりするかもしれません。でも、すべて大切な経験なのです。小さな子どもの手はたたかないでいましょう。明日を切り開く、豊かで可能性に満ちた「手」なのですから。

自分のなかにある言葉

2018.2

◆遊びのなかで生まれていく

去年の秋、運動会に向けて5歳児たちとリレーの練習をしました。バトンを手にすると大ハッスルする子どもたち。全力疾走する姿があまりにすてきだったので、子どもたちに、「ひとりずつで走るのと、今日みたいにリレーをするのと、どっちが速く走れたと思う?」と聞いてみました。みんなは口をそろえて「リレーのほうが速く走れる!」。

「どうしてリレーのほうが速く走れるのかなあ」と、もう少し聞いてみると、H君が「バトンを持つと速く走れそうな気がする」と言いました。

リレーの意味はバトンにあるのかもしれない! という大発見をした私は、「なるほどね。バトンを持つとそんな気持ちになるのね。みんなはどうかしら?」と重ねて問いかけました。子どもたちは少し考えてから、「運動会になった気がする」「だいじょうぶって思える」「走りたくなる」「オリンピックみたい」「がんばれる」と、次々に話しはじめました。

すてきだと思いませんか。バトンを持ったときの自分の気持ちを思い返し、ひとりひとりが自分の言葉で表しています。子どもたちが探しているのは「自分のなかの言葉」。それは夢中になって遊ぶ体験から生まれたものなのです。

◆赤ちゃんのなかで育つ芽

「自分のなかの言葉」の種は、生まれたばかりの赤ちゃんのなかに、もう芽吹いているように思います。周囲を見たり、聞いたりしています。音がすると、「何かな？」とでも言いたげに、そちらのほうに顔を向けます。

はいはいができるようになると、これは！ と思うもの目がけて突進していきます。手に入ると、振ったりたたいたり、なめたり転がしたり、力が入って「ウーウー」と声が出ることも。そうやって赤ちゃんたちは自分のまわりにあるモノたちに「あなたはだあれ」と呼びかけ、親しんでいるように思います。

身近にあるものに自分からかかわり、なめたりたたいたり転がしたりする一連の経験を通して、その子のなかにためこまれているのが「自分のなかの言葉」ではないでしょうか。小さいころは、「アー」「ウー」「オ！」など一音かもしれませんが、その一音が大事なのだと思います。赤ちゃんが身のまわりにあるモノに手を伸ばしたらチャンス！ 危ないものでない限りは、しばらく本人のやりたいようにさせてみましょう。小さな芽がすくすくと伸びていきますように。

子どもとのやりとり、おもしろいな

2018.6

◆うふふ、ハラハラ！　車内での出来事

夕闇が迫る時間帯、私が並ぶバス停の列に、２歳くらいの男の子とお母さんがいました。男の子は元気に待っていましたが、バスに乗りこんだときには少し機嫌が悪くなっていて、「おなかすいた！」と連呼しはじめました。

こんなとき何か持っていればいいけれど、お母さんはどうするのかな？と、おせっかいに考えてしまいましたが、取り越し苦労でした。

「ほんとだね、おなかすいたね。ママもすいちゃったな」

そのやりとりを背中に聞きながら、思わずほほえみました。私も本当に、ちょっぴりおなかがすいていましたから。

そのあと、お母さんは窓の外を見て言いました。「あっ、大好きなバス！」。このひと言で男の子の気分は一変。「バスあった！」「赤いタクシー」「おっきい車」「白いかっこいいの」と、車を見つけはじめました。

私も思わず、次の車は？　その次は？　と、心の中でいっしょに探していると、突然「わー！」という叫び声が車内に響きました。

急な展開です！　どうやら降車ボタンを押したくてたまらない男の子が、降

りるひとつ前の停留所で、待ちきれずにボタンを押そうとしているのです。「おすー!!」と言う男の子と、「待って、まだよ」と言うお母さん。そのうちバスが発進すると、ようやくお母さんのストップは解除され、男の子は停車ボタンを押すことができました。

◆反応しあいながら、つむぐ日常

子どもの空腹に共感したり、車を見つけておもしろがったりするお母さん。そして、バスの停車ボタンの早押しだけは身を挺して阻止するお母さん。そんなお母さんのことをいいな、と思うと同時に、自分の子育ての日々を振り返りつつ、温かな気持ちに包まれたひとときでした。

小さな子は機嫌がよかったかと思えば、眠くなったり、おなかがすいたり、ぐずりはじめたり。「やりたい」と思えばやらずにはいられない。少し待てば希望はかなうのに、その「少し」が待てない。子どもはそんなふうに生きています。対して、ハプニングに備えて手を打っているつもりでも、なかなかうまくいかないなか、子どもに振りまわされながら精いっぱい過ごしているお母さん、お父さん。子育ての日々って、だからおもしろいのかな、と思うのです。

小さくても一人前！

2018.8

◆はぐらかさないで

こども園の３歳児クラスでの出来事です。この日、夕方までこども園で過ごす予定のＡくんが「ママに会いたい！」と泣き、担任が話を聞いていました。いつもと違う状況に不安を抱いているのかと思った私は、Ａくんを抱きとめ、「今からお昼寝をして、そのあとには、おいしいおやつがあるのよ」と話してみました。「おいしいおやつ」で気持ちが変わるかな、と思ったのです。ところがＡくんは、「そんなこと聞きたいわけじゃない」とはっきり言い、また泣きはじめました。思いもかけない言葉に驚きつつ、たくましさも感じました。

小手先の対応ではなく、しっかり話をしようと、「Ａくん、今日はお母さんに用事があるから、こども園でたくさん遊ぶ日なのよ。だからお母さんはまだ来ないのよね」と話しました。その言葉を聞いて少ししたころ、Ａくんは「あ、ぼく間違えてた。そうだ！　そうだった！」と泣きやみ、昼寝の準備をしはじめました。

子どもって誇り高い存在だと、日々、驚かされます。おやつの話を持ち出した私を一喝したＡくんのように。

子どもは未熟な存在と思われがちですが、率直な点では大人よりも数段上。何があっても自分の気持ちを大切にし、保つことができます。

◆自分で考え、生きている

０歳児クラスの子どもたちも同様です。立てるようになったKちゃんは、棚に手をかけながら立つと、そのまま寄りかかってバランスをとっています。誰が教えたわけでもありませんが、大したものです。

お座りができるようになった子どもたちは、いろいろな玩具を手に持ったり振ったり、なめたりしながら、そのものを確かめています。ときどき「アーウー」と声を出し、からだを揺らしながら、少しも飽きることがありません。集中しているときは少し怒ったような表情ですが、小さくても一人前だな、と感心させられます。

心とからだに余裕があるときには、子どもたちの姿に目を凝らし、子どもたちの声に耳をすましてみましょう。すると、子どもたちの姿の中に、「自分は自分」という主張を見つけ出せると思います。

親は子どもの可能性のよき発見者でありたいです。小さければ小さいほど。

発見して、チャレンジする喜び

2018.11

◆にじみ出る誇らしさ

立てるようになった1歳のSちゃん。立ち上がったり、座りこんだりを繰り返すうちに、棚にもたれかかるようにして立っていました。まるで、「ほら、ずっと立っていられるよ」という声が聞こえてきそうな立ち姿です。

Sちゃんは、何かにもたれかかれば立っていられることをどうやって覚えたのでしょう？

もうすぐ2歳になるKちゃんが難しい顔で、袋の中にお手玉や積み木、ままごとのごちそうなどを詰めこんでいます。たまに、これは違う！　という表情で持ったものを手ばなします。よし、と思ったのか袋を持って歩き出しました。しかし袋が重いのか、途中から担ぐようにして歩いていきます。重い袋を自分1人で持って歩いていることを喜んでいるかのようです。

自分でやろう、と思ったことをやりとげようと頑張るその姿に、たいしたものだな、と感心しました。「こうすれば、もっといい」を見つけて実践する子どもたちを見ていると、〝自分で見つけて自分でやる〟のが、本当に楽しいんだな、と思います。

交渉する力

2019.10

◆遠まわしな言い方

「うちにね、白い車（ミニカー）ないんだ」「白い車、いっぱい、いい？」

ある日、3歳の孫が言いました。どうやら、次回のおみやげについて、やんわりとリクエストしているようです。

「白い車ってどういうのかな？」と質問すると、「ほら、あれ！」。

指さしたほうを見ると白いワゴン車が。「へぇー、ああいう車？」と聞き返すと、別の車種も指さします。ついでにパトカーも。「だからね、いっぱい！」「欲しい！」と一直線に要望を言うのもかわいいけれど、遠まわしな言い方もいとおしい。子どもたちはけっこう、このような行動をします。私はこれを生きていくうえで必要な交渉術だととらえています。交渉術は生活や遊びのいろいろな場面で発揮されます。

◆子どもなりの試行錯誤

友達に、「終わったら貸して」と話しかけている子がいました。ストレートな言い方ならば、「貸して！」「かわって！」なのですが、たいてい「だって今使ってるんだもん」「まだ使ったばっかりなんだよ」という理由つきで、「ダメ」と却下されてしまいます。この子はそのようなやりとりを重ねるなかで、「終わったら貸してね」という言い方にたどりついたのでしょう。断られる経験が子どもを育てると確信するのは、こんなときです。

しかし、親が立ち会うとこのようには進みません。断るわが子に、「かわってあげなさい」と言ったり、こうすれば、ああすれば、と矢継ぎ早に提案してしまったり。子どもが育つチャンスを奮っているな、と残念に思います。

満足するまでおもちゃで遊んだあとに、「貸して」と言ってきた友達におもちゃを渡してあげている姿を見たことがあります。時間がたっていたので渡された子どもはポカンとした表情で、「ありがとう」と受け取っていました。

私はそのようすに気づき、「貸してあげられたのね」と声をかけると、「うん。だって使いたいって言ってたから」という返事が返ってきました。相手の思いをすぐには受け入れられない、でもあとでなら…。そう思えたとき、子どもは少し大きくなったような誇らしげな顔になります。

どうすれば自分の思いを通しつつ友達と楽しく過ごすことができるのか、子どもたちは日々、さまざまに感じ、考えながら過ごしているのでしょう。

幸せの重さ

2019.12

◆「ひざに乗る」こと

3〜5歳児クラスの子どもたちといっしょに、恐竜図鑑のDVDをミニシアター風にして観ました。始まって少しすると、「ちょっとこわい」と、Aちゃんが言いました。「大丈夫?」と声をかけると、Aちゃんはうなずきながら私のひざに乗ったのです。立ち去ることもできるけれど、観たい気持ちもある。ふたつの気持ちのあいだで揺れながら、大人のそばなら大丈夫と思ったのでしょうか。ちょうどいい場所を見つけて、また熱心に画面を観はじめました。

Aちゃんがひざに乗って少し重いけれど、私は温かな気持ちになりました。時折もらす「すごいね」「大きいね」という感想に相づちを打ちながら、楽しい気持ちになりました。しばらくすると、Aちゃんは「遊んでくる」と言って、立ち去りました。

私のひざはまた、私だけのひざになりました。すると、待っていたかのようにTちゃんが後ろからやってきて、私のひざに座ったのです! 空席を見つけて座りました、とでもいうような、とても自然な動きでした。

恐竜好きのTちゃん。このDVDも彼のリクエストでした。家でも同じものを観ているようで、「次はこうなるよ」「これがいちばん大きいんだよ」と、教えてくれます。すてきな解説者なのです。よく知っている内容を、まだあまり知らない人に教えることが、Tちゃんに力を与えているようで自信にあふれていました。私は感心したり、質問したり、解説者がすぐそばにいるということは本当に豊かなことだと感じました。

しばらくしてTちゃんも友達のほうへ移動すると、別のお客さんがやってきました。笑顔のすてきな女の子で、髪の毛がクルクルッとしているMちゃん。なんだか私の気持ちまでクルクルッとしてきます。

Mちゃんは私のひざに座り、画面を観ながら笑っています。「あ、これ知ってる！」「トリケラトプスでしょ！」と、おしゃべりも盛んです。「恐竜ってすごいね」と話しながら、最後までいっしょに観ました。

私のひざには子どもたちの重みが楽しさとして残っています。近い位置で同じものを見て、驚いたり、笑ったり、感じたことを話したりした時間は、子どもたちと横並びになった時間でした。いろいろな子がかわるがわる座ってくれたことがうれしくて、あのときの私のひざは、「あったかイス」になっていたのかな、と思ったりします。子どもの重さは、幸せの重さですね！

揺れる母の心、子どもの気持ち

2019.3

◆気持ちを受けとめ、ただ待つ

講演などで、子どもの揺れる思いを大事にしたい、とよく話します。そのような話を聞くと、お母さんの心も揺れるのでしょうか。講演後に相談された話を2つご紹介します。

ひとつは、子どもの大事なぬいぐるみがとても汚れていたので、クリーニングに出すと、3週間後にでき上がることがあとでわかり、その日以来、泣きつづけるわが子を見て後悔している、という話です。

「長すぎる喪失期間ですね。でも大丈夫。心を受けとめてもらっているかぎり、心の傷になることはないと思いますよ」と、お伝えしました。

子育ては後悔の連続です。よかれと思ってしたことが、残念な事態を引き起こしてしまう。私たちは、考えればわかりそうな失敗をしばしばします。

でもそれは、それほど悪いことではないのではないか。少なくとも、思いつめる必要はないと思うのです。「覆水盆に返らず」ですから。かわりに、「悲しいよね。寂しいよね」と子どもの気持ちを受けとめ、人形がきれいになって戻ってくるのをただ待つ。なだめたりすかしたりしないで、「ただ待つ」。それがいちばん大事だと思います。

◆それぞれの「一歩」

次の相談は、10ヵ月の赤ちゃんと親子教室に出かけたときの話です。「ほかの子はどこへでも行ってしまうのに、うちの子は私のそばを離れようとしません」と、お母さんの目には大粒の涙が浮かんでいました。10ヵ月ですから、まったく大丈夫なことなのですが、お母さんは悩みに悩んでしまっていました。

力になれるだろうかと、心配になりながら家でのようすを聞いてみると、家では元気いっぱい動きまわっているようです。「それなら大丈夫。状況の変化に敏感に反応している姿です」と伝えると、お母さんは、「私のそばにいながら、よーく見ているんです」と、お子さんのことをしっかり見ていました。

大事なぬいぐるみがなくなって泣きつづけるわが子を見て、どうすれば早く泣きやむのかと考える。自分のそばを離れないわが子を見て、どうすればほかの子みたいに動くようになるのかと思い悩む。でも、「その子の一歩は、その子のもの」。私たち大人は、そのときを待つしかありません。

子どもの気持ち、受け止められなくても

2019.5

◆甘えすぎるわが子

お母さんたちを対象に、子どもの気持ちを受けとめることの大切さについて講演をしていたとき、「子どもの気持ちを受けとめたいけれど、そうすると子どもが際限なく甘えて疲れてしまいます。甘えすぎるわが子とのつきあい方がわかりません」と質問を受けました。これって本当によくあることなのです。

「今日は子どもの気持ちを受けとめるぞ！」と、遊びはじめたのはいいけれど、楽しくなってきて要求はエスカレート。「もうおしまい！」と言っても聞く耳をもたないことに手を焼き、叱りつけてしまうという図です。

大人を試しているの？　とも考えてしまいますが、意図的な行為ではないように思います。子ども自身もわからないうちにそうしてしまっているのかもしれませんが、「ちょうどいいあたりでやめておく」のは、難しいようなのです。

◆相手の気持ちから学ぶ

子育てに特効薬はないので、一生懸命に考えてひらめきました。

甘えが度を越すわが子に対して、「もういいかげんにしなさい」「もうそのく

らいでね」と伝えるやりとりは、マイナスな体験ではなく、とてもよい学びになっているのだということに。いわゆる交渉術のようなものを学んでいるのです。

人が育っていく過程では、さまざまな人との出会いがあります。自分がよかれと思っていることが、相手にとっては困ることにも直面します。そのとき、「このくらいならいい？」「こうすればいい？」と、交渉しながら折り合いをつけていくことが必要になります。そして、そこで生きてくるのが、お母さんやお父さん、きょうだいとのやりとりのなかで経験したことなのです。

家庭内ルールをしっかり決める方もいますが、私はあまりおすすめしません。例外を許さないという厳しさのなかで育った子が、友達に対して、厳しく融通がきかないかかわり方をしている姿をよく見るからです。子育てにおいてある程度の厳しさはもちろん必要ですが、厳しさとともに、柔軟さや共感のなかで育つ経験は、子どもに、人に対するやさしさを育むと考えます。

甘えすぎるわが子に手を焼いて悪戦苦闘する日々は、わが子が他人とかかわるコツを育てることにつながっている。そう思うと、少し気が楽になりませんか？

「正しさ」から「いとしさ」へ

2020.3

◆伝わるってうれしいね！

「あんあんあん」がキャラクターの人形だったり、「じーち」がジュースだったり、片言を話し始めた子どもの言葉を理解するのは、そう簡単ではありません。

久しぶりに孫のそうちゃんに会いました。私は、そうちゃんの言葉に「これ？」「こっち？」と的外れなものを渡そうとしては、「ちわう！」（違うの意味）を連発させていました。一方、パパとママは解読能力が高く、欲しがっているものを確実に渡します。思いどおりの物を手に入れてうれしそうに笑うそうちゃんの顔を見ながら、「伝わった喜び」ってこういうことなんだな、と感じました。その喜びが、もっと伝えようという意欲の源になって、言葉の獲得を進めていくのですから、自分の言葉が相手に通じたと実感することは、人が育っていくうえで、とても大切な体験なのだと思います。

◆心持ちで変わる印象

外出先でトイレに行くとき、赤ちゃんの世話でついていけないママに代わり、「おばあちゃんと行こう！」と、そうちゃんを誘いました。でも、「イヤヤ！」「ママと！」を連発されてしまいました。

そうだよね、ママと行きたいよね、と気弱な私は引き下がりました。でも、ママは手が離せない、どうしよう、どうする？　迷いつつ、「おばあちゃんと行ってみる？　トコトコトコって行ってみる？　ね！　ね！」と、もう一度話しかけて私が歩き出すと、そうちゃんは首をかしげながらついてきたのです。

私の言ったことの何がそうちゃんに伝わったのかは定かではありません。「イヤヤ！」という気持ちを受け止めつつ、「おばあちゃんでもいいんじゃない？」と、誘いながら歩き出してみた私の行為から、何かがそうちゃんに伝わったのかもしれません。私のあとをついていくことを選択したところにそうちゃんの意思を感じて、「あ、つながった！」と、私はうれしくなりました。

こうして過ごすうちに、私たちの距離は少しずつ縮まり、言葉や思いがわかるときが増えてきました。指先や視線でかなりの情報を伝えているということもわかってきました。何より、正確にわかろうとするよりも、伝えようと奮闘するそうちゃんのかわいらしさに目が向くようになり、なんとなくほほえむようになりました。状況はあまり変わっていないのに、心持ちの変化で印象が変わり、いつのまにか状況も変化している、ということがあるんですね。

本当の名前はどっち？

子どもたちと過ごす生活には、どうしてそんなことを考えたの？ どうしてそれが気になるの？ などなど「不思議」がいっぱいです。

大人の側に余裕があり、「不思議」をそのまま受けとめて、子どものリズムでしばらくいっしょに過ごしていると、「おもしろい」「興味深い」という扉に行きつきます。それは私にとって至福の時です。

こども園のロッカーの前で、ふたりの子がにらみあっていました。「どうしたの？」と聞くと、「だってね」と話してくれました。

問題になっていたのは、その場にはいない友達の名前でした。ひとりの子が、「あの子はね、ゆかりちゃんっていうんだよ」と言い、もうひとりの子が「ちがうよ、ゆかりんっていうんだよ」と主張しています。

ゆかりちゃんというのが正式名称で、ゆかりんというのが愛称でした。ふたりに伝わるようにと願って、「ゆかりちゃんっていう名前だけれど、お母さんやお父さんはゆかりんって呼んでいるのね。そういうことってあるでしょ」と話してみても、腑に落ちない表情をしています。「ぼくはひとつの名前だけ」「ぼくも！」と、そこは意見が一致しましたが、ふたりはにらみあい、もう少しでつかみあいのケンカに発展しそうな不穏な空気が漂っています。

友達の名前をどう呼ぶかでケンカになりそうなことがあるんだ！　と驚いていると、私の隣で話を聞いていたあやちゃんが、「あやね、ぽぽたん！　って呼ばれてる！」と言ったのです。あやちゃんでもなく、あやたんでもなくて、ぽぽたん！　思いがけない展開に、一同ビックリ。

やさしいお兄ちゃんとパパやママに囲まれて、愛されて育っている感じが「ぽぽたん」という愛称から伝わってきます。にらみあっていたふたりも、「ぽぽたんだって！」と言って笑いだしました。

笑ってしまうと気分はすっかり変わるのか、ふたりは「あ・そ・ぼ」と駆け出していきました。

COLUMN

第２章
知りたいことは子どものなかに

子どものむずかり

2015.7

◆受け止めたり、そっとしておいたり

スーパーで、若いパパが2人の子どもを連れて買い物をしていました。ショッピングカートの子ども用座席に上の子を座らせ、1歳くらいの下の子をおぶう姿は、まさにスーパーイクメンというように輝いて見えました。テキパキと買い物をし、あと少しでレジというとき、背中の子が泣きだしました。身をよじり、「わあ〜ん！」と泣き声をあげています。「何なの？　どうしたいの？」と声をかけながら、早く買い物を終わらせようと必死なパパ。泣き声はどんどん大きくなり、これはもうダメだと思ったのか、パパはおぶいひもをほどき、その子を下におろしてあげました。下におりた子どもは小さく「あをあん、あああん」と言いながら、トコトコとレジとは反対の方向に歩いていき、その後ろをちょっと疲れたようすのパパが、カートを押しながら追いかけていったのでした。

奮闘する若いパパの姿から、子どもがむずかりだしたときの、何をしてもダメという感じが伝わり、「そうなんだよ！　大変なんだよね！」と声をかけたくなりました。

子どもを育てていると、わけがわからないことがたくさん起こります。

おんぶは暑かったの？　などと、子どもがむずかった理由を考えて改善していくことはもちろん大切ですが、何をしても機嫌がなおらない場合だってある。いえ、何をしてもダメなことのほうが多いように思います。なぜなら相手は「虫の居所」なのですから。何をやってもダメな状態につきあうのって本当に大変！　でも、その行動こそが求められているのではないでしょうか。

子どもがむずかりだしたら、まさに忍耐力の勝負。からだじゅうで「いやだ！」という気持ちを表している相手に、「いやなんだね」「そうか、そうか」と気持ちを受けとめたり、「どうしたらいいかな？」と、あれやこれや考えたりする。それでもダメなら少しそっとしておいたりする。そんなふうに気長につきあうことが、何よりも大切なんだと心から思います。

「むずかる」という言葉を調べてみると、『憤る』とも書く」という説明がありました。「憤る」を「イキドオル」と読むと、大義名分がある大人の怒りになり、「ムズカル」と読むと、とたんに赤ちゃんにあてはまる言葉になる。

言葉っておもしろいですね。おじさんのイキドオリも赤ちゃんのムズカリも実は同じものなのかもしれませんね。

わかろうとする、その気持ちだけで十分

2017.5

◆反応を見て試行錯誤

小さな子どもといると、「何をしたいのかな？」「なんて言っているのかな？」「あれ、どうしちゃったのかな？」となることはありませんか。「？」をいっぱい抱えながら、手探りで進んでいくのが子育ての日々のように思います。

私は状況を読む力が弱いのか、よくトンチンカンな対応をして子どもたちに迷惑をかけました。たとえば、こども園で靴下を手に悪戦苦闘しているように見えた子に、「あっ、手伝うよ」と靴下をはかせてあげたら、実は脱ごうとしていたようで、「せっかく脱いだのに…」と、困ったようにもらしたつぶやきを今でも覚えています。

そんなわけで、私は自分の判断を信じていないところがあります。もしかしたら思いこみかもしれない、本人の要望と違っているかもしれない、という意識がつねにあって、だからこそ子どもの反応に敏感になります。

ちょっとしたかかわりでも、「あなたのしたいことと一致してる？」という確認をします。「これでいい？」と聞いたり、子どもの反応を見たりします。

笑顔が返ってきたときは、ぴったりだったときです。「私でも役に立てた！」

と喜びに包まれます。「そうじゃなくて！」という答えが返ってきたときは、「ごめんね」と謝り、もう一度本人の話を聞きます。私が理解の悪い相手だとわかると、子どもはていねいに説明してくれます。本当にありがたいことです。

なかには遠慮がちな子もいます。いちおう私のすることを、小さくうなずいて受けとめてはくれますが、どうも浮かない表情。喜んでいるように見せていて、本当は失望している…。どうやら気を使わせてしまったようです。

小さい子でもそのような心づかいをすることがあります。そんな思いを抱かせないために、もっともっとわかるようになりたいと心から願う毎日です。

◆みんな、愛し悩んでの繰り返し

『クマのプーさん』の作者A・A・ミルンは、子どもの姿を素朴な表現で描く詩をたくさん残しています。その中に、いつもは泣きやむのに全然泣きやまない子どもの姿を描いたものがありました。その詩を見つけたときは、そうか！　有名な詩人が詩にするほど、子育てはこんなことの連続なんだ！　と思いました。

世界じゅうで、親たちは子どもと過ごし、子どもを愛し、ときに子どもに悩まされている。そんなことを思うと、少しおもしろくなってきませんか？

目の前のわが子に思いを寄せて

2016.4

◆いたずらも「笑い」のタネに

4月1日はエイプリルフールですね。なんとなく知っているけれど、本当のところはどういうことなのかな、と思って調べてみたら、どうやらヨーロッパ発信の風習のようで、「4月1日の午前中は軽いいたずらでウソをついたり、人をかついだりしても許されるという風習。その日にかつがれた人を4月バカと呼ぶ」という説明がありました。「ウソ」や「いたずら」の類のことについて、「午前中に」とか「軽いものなら許される」なんて書かれると、処方箋みたいでおもしろいと思いませんか。

今は、お正月のような楽しいイベントが日々いろいろとありますが、私が子どものころはもっと静かな時代で、そのぶんエイプリルフールへの盛り上がりはすごかったように記憶しています。「今年のエイプリルフールはどんなことをしようか」と、数週間前からプランを練る人もいました。私自身も、何もせずにその日を過ごすのはもったいないような気がして、いたずらのプランを小さいながらに考えていたように記憶しています。

いたずらの最後には、「今日はなんの日?」という言葉が魔法を解く呪文のように響きます。いたずらをされた人もその言葉を聞いて、「あ、そうか！」と言って大笑い。なんてのどかな光景でしょう。

今度の4月1日は、みんなで笑える良質のいたずらをしかけてみて、大笑いしてみてはどうでしょうか？

◆子育ては「たのくるしい」

ある園児のお母さんが、「うちの子がウソをつくようになったんです！」と思いつめた顔で話しだしました。

「きのう、A男が持って帰った絵があまりにも上手に描けていたので、びっくりして聞いたら、『自分で描いた』って言うんです。まだあんなにうまく描けるわけがないのに、彼が絵を描けないことを私が気にしていたからなのかな。それでもウソまでつくようになったのかと思ったら、悲しくて…」と、涙ぐみながら話してくれました。

お母さんのようすに驚きつつ、私は必死できのうのA男くんの姿を思い出しました。

絵を描くのが大好きなBちゃんと絵を描いていて、Bちゃんがのびのびと電車を描く隣で、A男くんは「こう描くの?」とBちゃんに聞いたり、「ここ描いて」と頼んだりして、実に楽しそうに絵を描き上げていたのです。

全部1人で描いたわけではないけれど、A男くんにしてみたら、「自分で描いた」絵だったのだろう、と私は思いました。

「A男くんはBちゃんといっしょだったから、すてきな絵が描けてとてもうれしそうでしたよ。きっとお母さんに見せたいと思ったんでしょうね」と伝えると、お母さんは「A男に悪いことを言っちゃった!」と、また涙ぐんでいました。

子どもが成長していくと、喜びとともに悩みも多くなります。楽しいと苦しいが混ざっている感じを、「たのくるしい」と表現した人もいます。でもそれが、子育てというものです。

目の前のわが子に思いを寄せて、お母さん自身の気持ちにも正直になって、泣いたり笑ったりして過ごしていきましょうね。

みなさんの腕の中ですやすやと眠っている赤ちゃんの明日は、波乱万丈。だからいいのです。だから楽しいのです。

わかりたい！

2016.7

◆「ああか、こうか」も大事な時間

7月になっても、まだまだ梅雨が続きます。蒸し暑く、部屋の中がジメジメしてきて、じっとしていても汗がにじんでくるような、大人にとってもイヤな天気の日には、子どもたちはイライラしたり、ゴロゴロしたりという姿で不快感を全身で表します。

そんなとき、イライラしている状態に目を止めて、「どうしてイライラしているの！」と叱るのはかわいそう。からだが正直に反応してしまっているだけなのですから、汗を拭いたり、頭を冷やしてあげたりすると、すっとイライラがおさまることがあります。

子どものそばで過ごす大人は、子どもが感じているからだの不快感に目を向けて、少しでも心地よい状態に転換していかれるよう、いろいろと工夫をしていくようにしたいものです。

しかし、そうやっていろいろと手をつくしてもいっこうにダメ！　というときもありますが、それもまた仕方がないことかな、と私は思います。その子のなかの何かが「違う！」と言っているのかもしれません。私たちの目の前にいるのはしっかりとした意思をもったひとりの人間、親の思い通りにはならない独立した存在なのです。

子どものために、「ああか、こうか」と手をつくし、それでもダメで途方にくれるのもきっと、親と子の双方にとって大事な時間なのでしょう。

思い通りにならない時間のなかにしばらく身を置き、できるだけ穏やかな気持ちでいるという修行が、親になるうえで大切なのだと思います。

◆子どもの気持ちは子どもに聞くべし

こども園でのことです。3歳児のAちゃんが「ヤダー」「ヤダー」と泣き出しました。私はそばに行き、「どうしたの?」「○○したいの?」と聞いてみましたが、逆効果だったのか、もっと大きな声で泣き出してしまいました。まだAちゃんとは付き合いの浅い私でしたから、的はずれなかかわり方をしてしまったのだと思います。

泣きっぷりのいいAちゃんのそばで、自分は役に立たないな、と感じていたら、次第に、「わかりたい! わかりたい!」という言葉が私の中から飛び出してきました。それが正直な気持ちでしたから。

大声で泣いているAちゃんのそばで「あー、わかりたい。Aちゃんの気持ち、わかりたいよ！」とつぶやいていたら、なんと不思議なことに、Aちゃんはピタッと泣きやんだのです。それから、にこっと笑って、「いっしょに遊ぼう」と私に言って、手をつないで歩き出しました。

夜、この印象的な出来事を大学生の娘に話しました。

「今日、お母さん、ちょっと役に立ったんだよ」と、少し自慢げに話すと、娘は笑いながら、「きっとその子ね、こりゃ厄介な大人がやってきたぞって思って、お母さんに合わせてくれたんだと思うよ」。

娘の辛口で的確なコメントに敬服しつつ、「なるほど、そういうことだったのか！」と気づかされました。

子どもの気持ちは子どもに聞くのが一番かもしれません。

理由を知るには時間をかけて

2015.8

◆おおらかな気持ちになる夏

セミの声で目が覚める夏の朝。朝から元気いっぱいな気分になります。熱帯夜が続くとさすがにばてますが、そこさえのりきれば、洗濯物はよく乾き、ビールもおいしくて(?)、夏っていいな、と思うほど。

わが家の子どもたちは、長男と長女が冬生まれ、次男が夏生まれです。次男を妊娠中、予定日が7月と話すと「夏生まれはいいよ」「育てやすいよ」と、よく言われました。理由をたずねると、「寒さを気にせず、薄着で過ごせるからね」という答えが返ってきました。そんなものかなあと思っていましたが、たしかにそのとおりでした。

夏には、育てている親側の気持ちもおおらかにしてしまう、独特のパワーがあるのかもしれません。

◆「いや」には必ず理由がある

次男のことで忘れられないことがあります。

1歳になったばかりのころ、保育園の連絡帳に、「水遊びが苦手のようです。プールに入れようとすると、足を縮めていやがります」と書かれていました。

長男のときだったら「どうしよう」ととても心配になっていたところですが、次男ともなると、「へー、そうなんだ」という程度に受けとめていました。ただ、水が嫌いな子だとは思っていなかったので、新鮮に驚いてしまった私は、休日、家のベランダにベビーバスを出して実験をしてみることにしました。

準備を整え、連絡帳に書かれていたように、パンツ一丁になった息子をよいしょっと持ち上げて、水の入ったベビーバスに入れようとしたとたん、「やだ〜」と泣きだしました。

予想どおりの結果に「そうなんだ！ いやだったんだ！」と妙に感心してしまうあたりが、今考えてみるとちょっといけない親でした。

ともあれ、泣かせてしまった息子に、「ごめん、ごめん」と謝りつつ、せっかくだからベランダでのんびり遊べばいいと、しばらくそのままにしていました。

少したったころ、ふと気がつくと、息子が自分で水をぱしゃぱしゃとさわって遊びはじめたのです。

「気持ちいいね」と話しながら、私もいっしょに遊んでいたら、自分で顔や頭にも水をかけはじめ、最後は足を持ち上げて水の中に入っていったのでした。たっぷり水遊びをして息子は大満足。

そのあと、ぐっすり昼寝をする寝顔を見ながら、大事なことを教えられたような気がしました。からだを持ち上げられて水に入れられることが、彼を不安にしていたということに。

大人にも、人にさせられると急に不安になるけれど、自分でやるなら大丈夫、ということってありますよね。「させられる」より「する」ことが好き。次男はそういう子どもだったのです。

あのとき、しばらくそのままにしておいてよかったと心から思いました。夏の暑さが、「まあいいか」というおおらかな気持ちを連れてきたように思います。

子どもが「いや!」と言うことには、きっと理由がある。その理由を知るためには時間が必要です。子どもが「やろうとしていること」をゆっくり見ていれば、子どもが「したいこと」はわかる。そのためにも、やっぱり時間が必要なのでしょうね。

安心して気持ちを伝えられること

2017.7

◆やりとりから生まれた言葉

「ふきふきくーだーしゃい！」。2歳児の保育室からかわいい声が聞こえてきました。誰かが言いだした言葉がほかの子に伝わり、数人でいっしょに言うのが楽しくなって、みんなで「くーだーしゃい！」と言っていました。「ふきふき」とは、おしぼりのこと。かわいい声に気づいた先生は、「はいはーい！ お待たせ。ふきふきですよ！」と、これまた歌うようにおしぼりを届けていました。「呼びかけ＆こたえる」というやりとりは生活のなかにたくさんありますが、こんなかわいいやりとりがあったら、うれしくなってしまいますよね。食事では、きれいに手をふいて、おいしく食べるという行為を毎日繰り返すなかで、「ふきふき」がなくてはならないものになっているようです。

ふきふきがないことに気づいて歌うように伝える子どもたち。自分のところに必ず届くということを体験を通して知っているからこそ、このような言い方になるのではないかと思いました。自分の声は必ず受けとめられることを知っているとき、子どもの要望の出し方はやわらかくなります。受けとめることの大切さを実感させられた出来事でした。

「大きくなったね」が育む自己肯定感

2018.9

◆ふと気づく「やわらかな驚き」

暑い日ざしを避けて日陰や室内で過ごした日々がいつしか終わり、外に出ればさわやかな風が吹き、セミから、コオロギやスズムシへと唄い手が代わったことに驚かされます。フェイドアウトとフェイドインの重なりのなかで行われていく季節の入れかわりは、子どもが成長するさまと似ています。

「いつのまにか、気がついたら」というやわらかな驚きに満ちた状態は、時間のなかで紡がれていくものです。成長していく姿への驚きや喜びを生活のなかで感じられるのは、とてもうれしいことですね。

◆きのうよりも、今日の自分

なかなか紙パンツから卒業できなかった3歳児クラスの子がいました。家庭でも努力していましたが、プレッシャーになってしまったのか、園で「トイレに行こうね」と声をかけると、泣いていやがることもありました。

排尿の自立は、尿意を感じてトイレに行き、「出た！」という経験を重ねるなかで進むものですが、そのような経験がなかなかもてなかったのです。

どうしたものかと職員と考え合い、原点に立ち戻って、トイレに行くことを無理強いせずに、本人の気持ちを大事にしました。しばらくたつと、自分からトイレに行き、「おしっこ出た！」と言う日がふえてきました。パンツも紙からトレーニング用になり、自信に満ちた顔つきになっていきました。私はその表情を見ながら、「大きくなる」ことの意味を考えました。

「大きくなる」ということは、きのうの自分より今日の自分はこんなことができるようになったと喜び、「大きくなったでしょ」と誇らしげに言える、「自己肯定感」につながる大切な気持ちです。誰かが大きくて誰かが小さいというような比較ではありません。「自分は大きくなった」という気持ちさえもつことができれば、人はずっと成長していくことができると思うのです。

そして、この気持ちをもてるようになるために必要なのは、その子自身の成長を喜び、その気持ちをありのまま表すお母さんやお父さんの存在なのです。

子育ての日々のなかで、子どもの気持ちに気づいたりわかったりするという状態もまた、時間のなかで紡がれていくものだと思います。悩んだり迷ったりしながらも、親として「大きくなった！」と思える瞬間はきっと訪れます。そのときを楽しみにしながら、どうぞゆっくりお過ごしください。

予測できない行動

2018.10

◆行方不明になったわが子

２０１８年８月、山口県防府市の２歳の子が行方不明になり、３日後に無事発見された事件がありましたね。私もご家族の心情を思い、胸が締めつけられるような気持ちでした。実は私にも、わが子がいなくなり、必死の思いで探した経験があります。長男が小学６年生のときのことでした。

通勤中、忘れ物をしたことに気づいた私は電車から降りて、公衆電話で家に電話をしました。長男が地元の駅まで届けてくれることになったので、再び電車に乗って戻り、改札へ走りました。ところが長男はいませんでした。おかしいと思い、家に電話をかけると、ずいぶん前に家を出たというのです。思いがけない事態にあせりは頂点に達し、警察に連絡しました。行方不明になった長男をめぐり、いろいろな人が動いてくれました。どうしていないの！　と、叫びたい気持ちをおさえながら、必死で探しまわりました。

４時間くらいたったころ、家のドアが開き、「おなか、すいた！」と言って笑う長男がいました。とりあえず食べさせながら、事の顛末を聞きました。

駅で待っていてもなかなか私が来ないから、もしかしたら乗り継ぎの駅かもと思い、少しだけお金を持っていたから電車に乗った。乗り継ぎの駅でも私がいないので違うとわかった。帰りの電車賃は持っていなかったから歩いて戻ることにした。おまわりさんがたくさんいて怖いから隠れながら歩いた、など。

ああ！　そのおまわりさんたちは、あなたを探していたのよ！

◆親の役割って何だろう

まだ携帯電話を持たなかったころの話です。今だったら容易に連絡をとりあえるので、こんな展開にはならなかったでしょう。

1日休むことになった職場に息子が無事に戻ってきたことを報告すると、「親の忘れ物を子どもに届けさせるなんてありえない」と、上司に叱られました。本当に反省しました。どこへ行ってしまったの？　どこなの？　と必死に探しまわったときの記憶は今も鮮やかに残っています。

子どもは、誕生したときから意思をもつ独立した存在です。思ったことに一直線に向かい、大人が予測する範囲をやすやすと超えていきます。ともに過ごし、驚かされながら子どものそばにいる、それが親の役割なのでしょう。

長男はその後もいろいろなことをしでかし、気がついたら2児の父親です。

ゆっくりていねいに、子どもは育つ

2015.9

◆自分で決めて得た自信

季節の巡りのなかで、最も好意的に迎えられるのが、秋の訪れではないでしょうか。

よく交わされるあいさつに、「ようやく涼しくなりましたね」という言葉があります。この「ようやく」という言葉に、暑さを乗り越えたという安堵感や、達成感のようなものが漂っているように感じます。

「秋のうれしさ」は「夏のおかげ」かもしれません。夏のおかげと考えたとき、思い出した姿がありました。長い夏休みを終えて登園してきた子どもたちの姿です。

久しぶりに会った子どもたちはひと回り大きくなり、たくましくなったように感じられました。

海や山へ出かけて自然に触れたこと、プールでたくさん遊んで泳げるようになったことなどの体験や、帰省先の親戚と出会い、いろいろな言葉をかけてもらったことなどがうれしい記憶になり、子どもたちのなかに詰まっているように感じました。

「おじいちゃんの家にひとりでお泊まりしたんだ。お母さんはいっしょじゃなかったんだよ！」と、目を輝かせて誇らしげに報告してくれた子がいました。その言葉には、自信のようなものが感じられました。

その日の降園時、お母さんに聞いてみると、「そうなんです。まさかひとりで泊まれるとは思っていなかったので、びっくりしました」という返事が返ってきました。そのお母さんからは、以前、わが子がなかなか親離れできないという相談を受けたことがあっただけに、驚きと喜びは大きなものだったろうと想像しました。

自分で決めて、挑戦してみたからこその自信。

まさに、自立への一歩を踏み出したという感じでしょうか。子どもは「今」というときを見つけて、自分で一歩を踏み出す。そのときを待つことが本当に大切なのだと感じます。

◆体験は心の栄養

「『子育ては待つことが大切』ということはわかっているけれど、いつまで待っていればいいの？」と聞かれることがあります。

「○○時間以上待てば、効果が出ます」というような効能書があればいいのですが、残念ながら子育てにはありません。

待っても待ってもかいがないように思えるという気持ちに、私もときどきおそわれることがあります。子育てって本当に難しいですから。そんなとき、私は夏休み明けに出会った子どもたちの姿を思い出すことにしています。

いろいろな人に会い、あいさつをしたり、言葉をかけてもらったりしたこと。乗り物に乗ったり、自然の中で過ごしたりしたことで体験したこと。できないと思っていたことに自分で挑戦してみたこと。それらの体験が、子どもたちの中にしっかりとためこまれ、ひと回り大きくなったように思われた子どもたちを見ていると、「待つ」ということは何もしないでいるということではなく、ていねいに「今」を過ごすことなのだと気づかされます。

そうやって生活をゆっくり楽しむことが、心の栄養になって、子どもをゆっくりしっかり育てていくように思います。

「ちょうどいい」を知るチャンス

2017.11

◆しぐさから伝わる強い意志

秋が深まってくると、外ではきれいな落ち葉がたくさん見つかります。子どもはお気に入りの一枚を手に持ちます。どうしてその一枚なの？　と聞いても訳を話してはくれないけれど、しっかり握った手から強い意志を感じます。

小さな子どもから強い意志を感じるとき、私は「いいぞ！」と思います。

子どもの主張には、まだ寝ない、まだ起きない、もっと食べる、これ食べない、といった生活にかかわる主張もありますが、こっちに行く、これを持っていく、といった行動に対する主張も多くあります。生活に関することでは、本人の主張を通してばかりはいられませんが、行動に対する主張では、大人に余裕さえあれば、しばらくつきあってみたらいいのでは、と思います。

あるとき、お気に入りの一枚の落ち葉を持った子がいました。

上にあげたり、旗のようにふったりしてご機嫌です。子どもが大事にしていると、特別な落ち葉に見えてくるから不思議です。そのようすを、お母さんもニコニコ見ていました。しばらくして、その子はほかのものを拾おうと思ったのか、その落ち葉を地面に置き、そのまま歩き出しました。

お母さんは「え？　大丈夫？」と思いながら、とりあえず、その落ち葉を拾って後ろからついていきました。案の定、少ししてから子どもは、あれ？　という表情になり、落ち葉がないことに気づきました。来た道を戻ろうとしたその子に、「はい、この葉っぱでしょ」と渡すと、その葉を確認するように見つめてから、にっこり笑って手に取り、葉っぱをゆすりながら歩き出しました。

◆「ちょうどいい」を知る機会

子どもは棒を持つのも大好きです。しかし、棒は振りまわすと危ないため、子どもの「やりたい」を大事にしたいけれど、どうしたらよいのかと悩みます。私は、子どもと木の枝とのかかわりを、「こうすれば大丈夫」「ちょうどいい加減」がわかるチャンスとして生かしたらいいのでは、と考えます。

長すぎたら折って渡したり、振りまわして遊びたがったら「広い場所でやろうね」と言って、その場所につくまではお母さんが持つようにしたり。釣り竿のようにしたり、杖のようにしたりと、〝ちょうどいい使い方〟を楽しく伝えることもできます。あなたとあなたのお子さんらしい「ちょうどいいかかわり方」を、どうぞ見つけてください。

子育てに悩んでいるあなたへ

2018.7

◆どうしたらいい？　子どもの泣き

子どもが泣きつづけたり、「いやいや」しつづけたりするときの親の困った感は、格別なものではないでしょうか。私の子育ての記憶のなかにもたくさんあります。「どうしたの？」「大丈夫よ」とやさしく声をかけてみますが、泣きやみません。お気に入りの人形を持って声をかけても、まったく効果なし。それどころか、よけい大きな声で泣き出し、人形を投げつけられたり…。

当時を懐かしく思い出しながら、子育て真っ最中のみなさんに参考になることがあればと、いくつか対応をお伝えします。

①理由はない

原因がわからないほどの大騒動は、実は赤ちゃん自身もわからない、ということを理解しておくと、向き合い方が変わります。

「イヤなんだね」「そうかそうか」と、その状態を受けとめます。

②いろいろやってみてはずれなら、そっとしておく

人形を投げつけられたように、早く改善しようとかかわりすぎるのも逆効果。そういうときは、しばらくそっとしておきます。「そっとしておく」と「ほうっておく」は、同じようでいて少し違います。そっとしておく気持ちのほうが、やさしさがあります。子どもには伝わるものです。

③嵐が去ったら水を飲ませてあげる

静かになったと思って見に行くと、眠っていました。汗と涙でびっしょり。そっとふいてあげ、やわらかなタオルをかけてあげましょう。目を覚ましたら、冷たいお水やお茶、その子の好きな飲み物を飲ませてあげてください。

自分の力で気持ちを収めることができたのですから、「どうしてさっきは泣いたの？」「ダメでしょ！」などと叱るのは絶対にしないこと。ねぎらいの気持ちをこめて、おいしい飲み物をさし出してあげましょう。

④みんな通ってきた道だから

「食べない」「飲まない」「着ない」「脱がない」「片づけない」「寝ない」「起きない」など、親がしてほしいことに対して子どもたちが異を唱え、そこから数々の押し問答が始まり、親は悩まされていきます。

子育ての日々は、子どもの気分しだいで、綱渡りのように幸せと混乱、どちらに転ぶか予想もつかない状態です。それを受け入れることが、幸せへの近道です。誰もが通ってきた道。そうやって大きくなっていくと思ってみてください。

機嫌の悪い子どもとつきあうには？

2018.12

◆「時間」という薬

「機嫌」って何？ と思うことがあります。辞書を引くと、機嫌の意味は「表情や態度に表れる気分のよしあし。快、不快などの感情。気分」と書いてありました。機嫌の頭に「上」をつければ上機嫌、後ろに「悪い」がつくと最悪の状態。実に振れ幅の大きい言葉です。

だれにでも気分はありますが、特に乳児は笑っていたのに、急に泣きだしたり、怒りだしたり。そうなると、大人たちは途方にくれることになります。

泣くわが子に困り果てるお父さんやお母さんを見かけると、以前の私を見るようで、ひそかにエールを送ります。

機嫌が悪くなった子どもにつきあう特効薬は残念ながらありませんが、「時間」という薬はあります。飲むのは大人です。何とかしようという思いは消えて、子どもの中の嵐が通り過ぎるのをただ待つ。なだめすかしたり、早く混沌から抜け出せるようにという努力はほぼ徒労に終わる。場合によっては逆効果になることも自覚し、空でも眺める。大人の気持ちがそうなればしめたもの。そうした状態で機嫌が悪い子どもを見ると、機嫌が悪い状態でしか味わえない感覚を堪能しているのかもしれない、と思えてくることがあります。「快、不快」が対として語られるように、子どもは相反する2つの感情のあいだを行ったり来たりしながら育っていくのかもしれません。

◆A・A・ミルンの詩

子どもの機嫌について考えていたら、『くまのプーさん』の作者、A・A・ミルンの詩が浮かびました。

「なにがあってもエーンエン！」と泣く女の子の姿の詩は、機嫌が急に悪くなった子どもを見ているときに。「ある日を境に良い方のクマが悪くなり、悪い方のクマが良くなる」という2匹のクマの詩は、子どもが良いことをしたり、悪いことをしたりするときに。人間いろいろなときがあるよね、と思えて「まぁいいかな」という気持ちになります。

ミルンが描くイギリスの子どもの姿は、日本の子どもとまったく同じで驚きます。目の前の子どもに目を注ぎつつ、遠くを見る気持ちになれると、呼吸が少し楽になるように感じます。これもまた、機嫌が悪くなった子どもにつきあうための薬のひとつかもしれません。

子どものペースと大人のかかわり

2019.2

◆時間がかかるAちゃん

5歳の子どもたちがリレーを始めたときのこと。Aちゃんが「やらない」と座りこみました。Aちゃんは何かに加わるときに時間のかかる子で、そのたびに理由がありました。「おなかがいたいから」「これが終わってから」「やりたくないから」。そんなAちゃんでしたから、「やらない」は、ある程度予想していました。

1回戦が終わると、子どもたちから「もう1回」の声があがりました。気がついたら、Aちゃんも仲間の列に加わっています。2回戦は1回戦よりも盛り上がり、声援が飛び交うなか、Aちゃんにバトンが手渡されました。

Aちゃんは口をキュッと結び、目を輝かせてすごいスピードで走り出しました。「Aちゃん、はやい」という声がかかるほどの、みごとな走りっぷり！

◆子どもの中に残る大人の言葉

すごいすごい！ と喜んでいる私のそばにAちゃんが来て、言いました。

「どうして1回目に走らなかったか、わかる？」。私はAちゃんの喜びに満ちた顔と、座りこんでいたときを並べて考えました。「恥ずかしかったから？」。

Aちゃんは首を横に振りました。「ドキドキしたから？」「走りたくなかったから？」。NO！ NO！ と、Aちゃんはうれしそう。もう降参です。「答えを教えて」と頼むと、Aちゃんは目をキラキラ輝かせながら言いました。

「あのね、あのときはね、力をためてたから走らなかったの。それでね、力がたまったから、ほら、こんなに早く走れたんだ」。そう言ってAちゃんは、すごいスピードでもう一度走ってみせてくれました。私は立派な子どもの背中だと思いながら、Aちゃんの後ろ姿を見ました。

「力をためている」という言葉をAちゃんはどこで知ったのでしょう。気持ちを切りかえるのに時間がかかるAちゃんでしたから、いろいろな大人とかかわるチャンスがたくさんあったのではないでしょうか。そのなかに、「今、力をためているんだね」という声があり、Aちゃんの心に残って、「もう十分たまったぞ！」というときに走り出したのかもしれません。

次のリレーでアンカーに立候補したAちゃん。自信満々に走り出そうとしたらバトンを落とし、不幸のどん底に…。そこからもう一度気持ちを立て直すのには時間がかかりました。子どもの成長は一直線にはいきません。だからこそ、そばにいる大人の存在が重要なのです。

満足するまで自由にかかわる

2019.7

◆絵本のとらえ方

書店に並ぶいろいろな絵本。対象年齢を参考に選ぶという方もいると思いますが、子どもや孫のためと思うと、なかなか決められないものです。

そんなとき、自分が小さいころに好きだった絵本を見つけると、うれしくて手をのばしたりしませんか？　長年読み継がれている絵本には特別な魅力があります。思い出の絵本を選ぶのもいいかもしれません。

私の子ども時代には、絵本はあまり出まわっていませんでした。

繰り返し眺めたのは美術全集。サルバドール・ダリの「燃えるキリン」やミロの踊るような抽象画が大好きでした。歌川広重の「東海道五十三次」の絵では、斜めに降る雨の景色がお気に入りでした。大切な「絵本」の思い出です。

子育て中は、家にはたくさん絵本がありましたが、わが子のお気に入りは民芸品の写真集でした。張り子やこまなどのおもちゃ、かごや食器といった日用品が紹介されていて、それらを見ながら、「これいいよね」「〇〇みたいね」と、楽しく話したことを記憶しています。大人になったわが子は、民芸品に夢中です。だるまを集めたり、シュロのほうきを作ったり。小さいころ繰り返し見ていたことが、興味の根っこにあるのかもしれません。

◆〝興味〟は原動力

「うちの子は絵本を読みたがりません」

1歳のお誕生日が過ぎて、いよいよ絵本デビューとはりきってみたものの、わが子は少し見たら絵本を閉じてしまい、ママが続きを見せようと絵本を開くと、ママの手を引いておもちゃがあるほうへ行ったというのです。私は、自分の意思をしっかり伝えるすてきなお子さんだなぁ、と感心しました。子どもの興味や動きを止めないで満足させてあげてほしいと願います。

自分の身のまわりのものに興味を示す子どもたちは、自ら行動します。そのような流れのなかで、絵本とも出会うのがいいのでしょう。たとえば、乗り物好きの子は電車の絵を発見すると大喜びで見入ります。その喜びを何度も味わいたくて、ページをめくったり戻ったりします。大人ははじめから終わりまですべてを見せようとしがちですが、子どもたちは自由な出会いやかかわりを通じて「おもしろい」を自分のなかに蓄えていきます。子どもたちが何を蓄えているのかということに〝まなざし〟を向けながら、歩みを支えていきたいですね。

その子の「今」に着目する

2019.8

◆「比較」がまねく悩み

子育ては喜びのなかにありますが、同時に悩みのるつぼでもあります。

私自身、3人の子育ての日々に悩みはつきものでした。当時は幼稚園に勤めていたので、保護者であるお母さんたちから「わが子ひとりを育てるだけでも大変なのに、先生はこんなにたくさんの子どもを見ていて、すごいですね」と声をかけられました。そのたびに、「いやいや、自分の子どもを育てるほうがずーっと大変です！」とこたえていました。心からそう思っていましたから。

子育ての大変さは、わが子の「今」へのまなざしが、どうしても厳しくなってしまうところにあるように思います。そこにほかの子との比較が加わると、さらに悩みは深くなります。「ほかの子はよく言うことを聞いているのに。元気に遊んでいるのに」と思いはじめると、止まらなくなります。

もしも今、そんな悩みのどまんなかにいる人がいたら、たくさんの共感とねぎらいの気持ちを伝えたいと思います。そして、「わが子がして（できて）いないことを気にするよりも、していることに着目して、いっしょに楽しむと見える世界が変わる」というコツを伝授したいと思います。

◆人が育つには時間が必要

半年ぶりに会った3歳と2歳のかわいい孫たちは、ひとまわり大きくなっていました。公園に行くと、幼稚園に入園したお兄ちゃんは元気に走りまわりながら歌い出します。幼稚園で覚えた歌なのでしょうか。歌のバリエーションが広がったように思います。小柄だけれどがむしゃらな弟くんは、公園の植えこみで見つけた背丈の3倍くらいある大きな枝を引きずって歩いています。その姿を見ていると、本当にたくましいなあ、と感じました。

さわやかな風が吹くなか、シートに寝そべって空を見上げると、青い空に雲がかかっていてきれいでした。子どもたちは私といっしょに寝そべったり、ちぎった草をパラパラとかけてきたり、幸せな時間が流れました。

空を見上げながら考えました。〝人が育つには時間がかかる〟ことを。なかなか生えそろわなかったお兄ちゃんの髪の毛は今、フサフサです。あまりおしゃべりしなかった弟くんは、笑顔いっぱいに少しずつ話しはじめています。「していること（その子の今）に着目することが大事」という原則を、風に吹かれながら、静かに確認する思いに包まれた一日でした。

“きょうだい”ってなんだろう？

2019.11

◆けんかの理由

きょうだいげんかについては、たくさんのエピソードを聞きます。

私も３人の子どもたちの小さなころを振り返りました。すると夫から、「お風呂でどっちが入浴剤を入れるかでもめていた」という情報を得ました。

男チームで入浴していたので初めて知ったのですが、入浴剤をめぐるもめごとというのがなんともほほえましくて、笑ってしまいました。

以前、あるママからきょうだいげんかについて話を聞いたときのことです。ひとつ違いの姉と弟は、砂場で山を作ったり水路を作ったり、ふたりで遊ぶ楽しさを存分に味わっていたかと思うと、ひとつのジョウロをめぐって誰が使うのか、誰のものなのかでけんかが始まったり、ＤＶＤを見るときはそれぞれ自分が好きなほうを先に見るかでもめる、ということでした。

なるほど、どうやら「誰が先か！」「誰のものなのか！」が原因になるような、順番や所有権が発生する事態がけんかを呼ぶのです。その一方で、砂場で山を作っていたり近所の公園で一面の落ち葉で過ごしているときは、とても楽しく遊んでいるそうです。誰のものでもない自然のものに包まれて過ごすときには、共感のほうが強まるので楽しく遊べるのかもしれません。

けんかが起こる状況について見直すことが大事なのではないか、と思わされました。

◆互いがいてこその関係

私には2つ違いの姉がいます。とてもおしゃべりなので、私はあまりしゃべらず、自由にしていられる妹という位置は居ごこちよいものでした。

しかし困ったことが起きました。姉が2泊3日の修学旅行に出てしまったのです。そのあいだ、家のなかが急に静かになり、静寂のなかで母と私がぎこちなく会話を交わしたことを覚えています。活発な姉の陰に隠れて、のんびり過ごしていた自分を自覚した瞬間でした。

きょうだいとは、あなたがいて私がいる、というような「相互関係」を土台にしているように思います。どちらかだけで成り立つのではない、双方のかかわりのなかででき上がっていくのがきょうだいではないでしょうか。

子育てのなかで、けんかをしたり仲良くなったりする子どもたちを、あまり深刻にならず、余裕のある心持ちで見ていられたらいいのでは、と思います。

苦手なものとのつきあい方

2020.1

◆食べたくない！

こども園でのお昼ごはんの時間。よく食べるSちゃんの食がすすみません。聞いてみると、サラダに入っているコーンが苦手と言うのです。「へー！　コーン、だめなの？　おいしいのに」と言いながら、コーンをより分けてあげます。とうもろこしの丸かじりがおやつで出ることもあるので、「どうしているの？」と聞いてみると、「そうなんだよ。おやつに出るんだよね」と、悩み深い顔つきになったSちゃん。大人びた表情に思わず笑ってしまいました。

私は無理に食べなさいとは言わないので、給食中は子どもたちからいろいろな要望が寄せられます。「この星みたいなのが、だめなんだよね」と言われたことがありました。「星みたいなの」はオクラです。

「そうなの。お星さまなんだけれど、ダメなの？」と聞くと、「うん。ねばねばしてててやだ」。そこがおいしいんだけれどなあ、と思いつつ、スプーンでオクラをすくってあげます。薄くスライスしたオクラをすくい取るのは、なかなか大変なのですが、子どもたちはなんにも言わずに待っています。自分の思いが受けとめられている、と感じているのでしょうか。

◆好き嫌いは成長の表れ

2〜3歳になると、ダメなものが出てきて困っている！ というママたちの話をよく聞きます。子どもの食べたくない！ は本当につらい。でも一見マイナスに思えることが、実は〝味覚の発達や自分の思いを主張する力の育ち〟というプラスの表れだと思えたら、少し気持ちが楽になりませんか？

小さかったころの私はあさりのみそ汁が苦手でした。なすやピーマン、れんこんも。今では、ほとんどのものをおいしくいただきます。人が作ってくれたものは特においしく、感謝しながら食べています。大丈夫だったものが苦手になったり、その逆もあったりしながら大丈夫になっていく。それが成長ということなのでしょうね。成長途中の小さな子どもたちは葛藤のただ中にいます。

もしもお子さんが悩み深い表情で「これ苦手なんだよね」とつぶやいたら、「じゃあ手伝ってあげるね！」と食べてあげてください。おいしそうに食べている大人の顔を見ると食べたくなることもあります。「どこが苦手なの？」と聞いてみるのもいいですね。「大きくなったら食べられるよ！」と伝えながら、苦手なものとのゆるやかなつきあい方を、どうぞ教えてあげてください。

お母さんが子どもだったときのこと

2020.2

◆ある親子の会話

空港行きのリムジンバスに乗っていたとき、私の後ろの席に親子連れが乗りました。「おつきさま、見えるね」「本当だ」と穏やかな会話が聞こえてきます。「ねえ、ママの小さいときの話をして」。女の子が言いました。お母さんが「どの話？」と聞くと、「あの、車の話」と女の子。「ああ、ママが事故にあったことね」と静かに答えたお母さんは、次のような話をしはじめました。

「ママが3歳くらいのときのことなんだけど、ボールで遊んでいたのね。そうしたらボールが転がって道に行って、車が来てバーンってなったの。それでね、白い車だったな。おじさんが出てきて、ママを乗せてくれて、病院でどこか悪いところはないか、調べたのよ」

女の子はその話を何度も聞いているようで、「今度は楽しい話をして。保育園のときの」というリクエストをしました。

「楽しい話ね。何がいいかな。そうだ！」。お母さんは話しだしました。なかでも楽しそうだったのは、お昼寝のときの話でした。

「給食のあとね、パジャマに着がえて寝なくちゃいけないの。でもね、保育園が楽しいから寝たくないのよ。だからおふとんに入って隣の子と遊んでるわけ」「だれ？」「誰だったかな、忘れちゃった。でね、そうしていたら、おふとんに小さな穴があいてたの。その穴に指を入れてたら、フワフワの綿菓子みたいなのがとれて、もうおもしろくてとっていたら、こーんなにいっぱいになっちゃって、大騒ぎしてたら先生にね、寝なさーいって、おこられちゃった！」「おこられちゃったの？」と聞き返す声に、ママは「そう！」と、笑って答えていました。

「あの話して」というリクエストのようすから、この子は繰り返し聞いていることが容易に想像できました。

◆何度も聞きたい

お母さんの小さかったときの話には、何度も聞きたくなる何かがあると思います。お母さんにも子どもだったときがある！　という驚きがそこに流れている。子どもの心をひきつけてやまない何かが、きっとそこにある。すてきなことだな、と思いました。

小さかったころのことを語る声が、今も私の中に響いています。お母さんの語りは格別ですね。子育てって本当にいいなあ、と思った車中でした。

自分の中の「子ども」を探す旅

大学では保育学を教えていますが、保育について学ぶ出発点として、自分の中の「子ども探し」を大切にしています。人はみな、誰もがはじめは子どもでした。この世に生を受け、誕生し、さまざまな経験を経て大きくなっていきますが、その始まりにあるのが、「子ども時代」です。子ども時代は、その人の根っこの部分に位置し、その人を形作っていると考えます。

自分の中の「子ども探し」は記憶をたどる旅です。小さいころに夢中になったおもちゃや絵本について現物を持ち寄って語り合います。ほかの人の語りを聞きながら記憶がよみがえってきて、大学生の顔に笑いが浮かんできます。「なかなか買ってもらえなかった」「大事にしていたけれど、なくしてしまった」と、喪失の記憶が多く語られます。ほろ苦さをともなう記憶が、心のひだに刻まれるようです。

おもちゃや絵本の記憶が物と自分の関係だとすると、遊び場の記憶には、人や生き物が多く登場してきます。自分の家を出発点としながら、友達の家や公園、小学校、秘密基地などが描かれ、「ここに猫がいた」「やさしいおばちゃんがいた」と、思い出が書きこまれていきます。

誰の中にもある小さなころの記憶は、育った場所は違っても重なる部分がたくさんあり、語り合いはとても盛り上がります。そして必ず「こんな機会がなければ思い出さなかった」と言うのです。

自分の中にある「子ども探し」の旅は、懐かしさを連れてきます。人や物、場の記憶で自分の中にある子ども時代を丹念にたどることで、自分を形作っている大事な成分に気づくきっかけが得られるように思います。

自分の中の「子ども探し」の旅、やってみませんか？　子どもたちは、お母さんやお父さんが小さかったころの話を聞くのが大好きです。アルバムを開きながら、小さかったころの思い出や好きだった遊びのことを話してみてください。思いもかけないものが子どもたちの心にヒットします。

どの思い出が「あの話、また聞かせて！」になるのか、お楽しみに。

COLUMN

第３章
発見のピース・めぐる日常

揺れる思い

2016.3

◆ママになるって、どういう感じ?

日ざしのなかに、やわらかさが増してきました。3月の別名は「弥生」。〝草木がいよいよ生い茂る月〟という意味だそうです。日本に古来から伝わる季節を表す言葉には、自然とつながって暮らすことの意味がこめられています。

季節が変わる節目に大事な言葉に出会うと、四季の変化がよりいっそう感じとれるような気がしてきます。同時に、私たちも季節のめぐりといっしょに歩みを進めているのだな、ということを実感します。

先日、知人のお子さんの結婚式で、赤ちゃんを連れたママ(以下、Aさん)と出会いました。披露宴でちょうど隣り合わせの席だったのです。

赤ちゃんは生後8ヵ月で笑顔がいっぱい。その赤ちゃんのおかげで、私たちのテーブルはとてもなごやかな空間になりました。

Aさんは慣れた手つきで家から用意してきた離乳食を食べさせていて、すてきなママぶりを発揮していました。いろいろおしゃべりを楽しんだあと、ちょっと聞いてみました。

「ママになって何か変わったことある？　ママになるって、どういう感じ？」

Aさんは少し首をかしげてしばらく考え、それから「100％母になっちゃった。でも、いやじゃないって感じかな」と答えてくれました。

ほー、これはおもしろいと思い、「どういうこと？　詳しく話して！」とお願いすると、こんな答えが返ってきました。

「妊娠中は、母としての自分、つまり母親の部分と、自分としての自分、社会人としての自分の両方を大事にしたいと思っていた。でも、この子が生まれて毎日いっしょにいたら、気がついたら100％母親になっていたな、と思ったの。そして、それもけっこういやじゃないなって」

Aさんは中学校の英語の先生で、現在は育児休業中。妊娠中は、子どもを寝かせたあとにTOEICの勉強をしようという野望（?）も抱いていたと、笑って話してくれました。

◆自然な変化

「気がついたら100％母親になっていた」という言葉、みなさんはどう感じますか？　「わかる、わかる！」「あたりまえ」「それはイヤだな」など、いろいろな受けとめ方があるでしょう。「社会人としての自分を捨てたくない」「出産前の生活を何も変えたくない」という声を聞くこともあります。

１００％母親になってしまったら、自分が根こそぎなくなってしまうように思えて不安という気持ちもあるのではないでしょうか。まさに〝揺れる思い〟ですね。親になるって、そんなふうに「揺れる」ものかもしれないです。

私は、揺れていいと思っています。なぜなら、みんな初めてのことをしているのですから。母親歴30年を超える私ですら、今もなお揺れているのです。

Aさんの言葉は、私のなかに今も大事に残っています。

好きなのは「気がついたら、なっていた」というところ。母親になろうとしてなったのではなく、気がついたらなっていた、という部分です。

厳しい冬が過ぎ、やわらかな日ざしを受けてあちこちで小さな命の芽吹きが見られる３月・弥生。春の野に出て小さな春を見つけながら歩いてみたら、もしかすると「気がついたら、なっていた」という言葉の大事な意味に気づけるかもしれません。

生まれ変わる春！

2018.4

◆思い出す幼少のころの気持ち

新学期が始まるとき、からだ中にわき起こるワクワク感は、自分のなかに小学生のころの記憶が残っているからなのかもしれません。クラス分けで誰といっしょになるかというソワソワ感。仲よしの友達といっしょになったり別れたり、喜んだり残念がったりしながらも、気持ちは新しい始まりに前向きです。

あのころの記憶は、みなさんのなかにはどんなふうに残っていますか？　親になると、わが子の一喜一憂につきあいながら、しまいこまれた記憶と再会します。それもまた子育ての楽しみのひとつだと思います。

◆「新鮮度」を更新しよう！

春は新しい始まりを連れてくるということに、私はとても大事な意味を感じます。気分が新たになる。ちょっと大きくなった気持ちになる。それがいいと思うのです。

日本の幼児教育の祖である倉橋惣三は、春について「新鮮度の更新の時」というおもしろい言葉を残しており、「新鮮度が失われた状態とは、だれている、生き生きしさに欠けている状態」だと説明しています。

目を輝かせて今を生きている子どものそばにいる大人がそのような状態でいてはならない。3月から4月に年度がかわるタイミングで心もちを新しくしていくことが、子どものそばにいる大人に求められている、とも言っています。

これらは保育者に対しての言葉ですが、親にも、家庭の育児にも、新鮮度の更新はあるのでしょうか。あるとしたら、どのようなタイミングで？

少し考えてみて、そして思いました。新鮮度を更新するタイミングは親にもあるのだと。それは子どもの卒業や入学、進級、就職、そして結婚などに立ち会ったときではないか。子どもの成長に伴う節目ごとに自分も新しくなり、親子の関係も新しくなる。昨日までを振り返りつつ、新しい一歩を踏み出すきっかけを春は連れてくるのでしょう。私もずいぶん長く親をやっていますが、今年の春は「新鮮度」を更新してみようかな、と思います。

4月半ばごろ、満開を過ぎた桜は風を受けて舞い散ります。はりきった気持ちで、春のページを開いた私たちをねぎらうかのように降り注ぐ桜の花吹雪。宙を舞う花びらの軽やかな美しさに心奪われながら、ふーっと息を吐きます。

美しい季節です。一日一日を楽しみながら、お過ごしください。

青空と風と若葉、そして小さな命

2018.5

◆〝元気！〟みなぎる5月

満開の桜の花が散り、若葉が茂るころ、木々は明るい緑に包まれます。空と風と若葉の3つがそろい、冬から春、そして夏へと季節が進む少し前にある5月。「こどもの日」もあるほど元気な気持ちがみなぎり、子どもたちの走りまわる姿や歓声がよく似合います。

『緑のそよ風』※という歌があります。「緑のそよ風、いい日だね」という歌い始めは、この季節の特徴をとてもよく表しています。さわやかな風の吹く日には外に出て、風を感じながら歌を口ずさんでみませんか？

◆小さな出会いから生まれる好奇心

5月は小さな命が活発に動き出します。テントウムシや、花から花へと飛んでいくモンシロチョウやシジミチョウ、横にピョンピョンと移動するツマグロオオヨコバイなど、子どもたちの心をつかむ虫たちです。

私も子育て中のころは、道を歩きながらたくさんの虫に出会ったものです。息子たちは虫が特に好きで、見つけたらじっと見つめ、そっと手を伸ばしま

※作詞：清水かつら、作曲：草川信

す。その手に驚いた虫がちょっと後ろに下がると、息子たちも驚いてまたじっと見つめます。そしてまた手を伸ばします。そんなふうに虫とのやりとりを繰り返していると、時間はあっというまに過ぎていきます。

息子たちが初めて手のひらに乗せることができたのは、ダンゴムシでした。急に丸く形を変えたのでびっくりし、「あら、寝ちゃったね」「ちょっと待っていたら起きるかな」と話しながら見ていると、安心したダンゴムシがからだを開きます。コロコロ、モゾモゾ、トコトコ。どの姿もかわいく、自分の手のひらの上で繰り広げられるドラマに、息子たちの目は釘づけです。

虫は苦手という方も多いかもしれません。私もゴキブリは苦手です。運悪く出会ったときは、恐怖の叫び声をあげてしまいます。だから虫が苦手な人の気持ちもよくわかります。でも、小さな子どもといっしょにいるときは、その気持ちをおさえていただけたらな、と願います。

好奇心のかたまりのような子どもたち。小さなころに生まれた「あれはなに？」の種は、身近な環境との出会いやかかわりのなかで芽を出し、大きく育っていくのだと思います。

この季節、小さな出会いを大事に見守り、支えていってほしいです。

喜びと葛藤の繰り返し

2016.5

◆「イチョウの赤ちゃん」を見つけに行こう！

風薫る5月。「風薫る」とは、木々を渡る風が若葉を揺らすようすを、そう呼んだのでしょうか。

若葉を見上げるたびに、風が木々を渡るときにはどのような香りが立つのだろう、と想像します。緑の若葉といっしょに光も踊っています。

新緑が美しいこの季節は家の用事を早めにすませて、ベビーカーを押しながら外を散歩しましょう。

イチョウの木の近くを通ったら、上を見上げてみましょう。ベビーカーから、赤ちゃんを抱き上げていっしょに仰いでみてください。大きなイチョウの木に小さな若葉色の葉がいっぱいついているのが見えるはずです。

あたりまえですが、どの葉もイチョウの形で、私はそれをたまらなくかわいく感じます。冬のあいだにすっかり葉を落とした木には、赤ちゃんみたいな小さな若葉色の葉がつき、うっすらと若葉色に染まった木はとびきりきれいですよ。イチョウは秋というイメージもありますが、新緑のころのイチョウもいいものだな、と毎年思います。

木の下では、足もとも見てみてください。もしも小さな葉っぱが落ちていたら、そっと拾って「赤ちゃんの葉っぱがあったよ」と、お子さんに渡してあげましょう。きっと喜びますよ。赤ちゃんを下におろしてあげれば、小さな葉っぱに手をのばして遊びだすかもしれません。

さわやかな若葉の季節を大事に。

◆日々、チャレンジ！

わが家の孫も、順調に成長しています。

遠くに住んでいるのでめったに会えませんが、時折メールで写真や動画が送られてくるので、まるでそばにいるような気持ちになります。

本当にうれしい時代になりましたね。みなさんも遠くに住んでいるおじいちゃん、おばあちゃんがおられましたら、赤ちゃんの写真や動画を送ってあげてくださいね。それは幸せのおすそわけになりますよ。

先日は、初寝返りの動画が届きました。自分の力で、グルンと世界を回転させてしまう寝返りは、本当にすごいことだと思います。ここからいよいよからだの動きも表情も活発になっていきます。

周囲の大人たちも「もう1回」と大喜びで応援し、赤ちゃんのまわりは急ににぎやかになります。

寝返りは成長のひとつの節目なのでしょう。同時に次の葛藤も生じはじめます。からだを回転させてうつぶせになったものの、手はからだの下に入ってしまったまま元に戻れなかったりするなど、じれて泣くことも出てくるでしょう。

「何かができるようになった！」という喜びの扉は、新しい「できない」に通じる扉でもあるのですね。みなさんは「それって大変！」と思いますか？ でもね、それが〝育つ〟ということなのです。小さな壁に出会い、乗り越え、また次の壁にチャレンジする！ からだの奥底からわいてくる「やりたい！」気持ちに突き動かされて、赤ちゃんは毎日チャレンジしていきます。それが〝大きくなる〟ということなのです。

頑張っているわが子を、どうぞていねいに応援していきましょうね。

感じる！ を積み重ねて

2019.6

◆自然のなかの友達に、こんにちは

日々のなかに、その季節ならではの自然との出会いをとりこんでいくと、子育ての楽しさが広がります。3人の子どもを育てた親として、こども園で日々、子どもたちと過ごす保育者として、大事にしている思いです。

小さな生き物は、子どもたちの友達です。道端の草むらをのぞいたり、大きな石をどかしてみたりしたら、ダンゴムシやアリたちに会える！ という幸運に恵まれるかもしれません。出会うコツとして、歩みを止め、しゃがみこみ、ちょっと手を伸ばしてみましょう。

保育者が「ダンゴムシよ」と手に乗せてあげてから、ダンゴムシが大好きになった1歳児のKちゃん。ダンゴムシをつまもうとしますが、スルッと逃げられてしまいます。ようやくつかまえることができたKちゃんに、「わぁ、すごいね」と保育者が声をかけると、得意そうな顔です。

その後、Kちゃんはもう片方の手で、もう1匹つかまえようとしました。捕獲初心者だというのに、無謀にも両手にダンゴムシ！ に挑戦です。やる気満々の姿には、ほほえんでしまいました。

◆生活のなかで、よりいとおしむ

草花との出会いも楽しいものです。アジサイに手を伸ばすと、ほわほわっと感じられます。道を歩きながら、いろいろな自然と出会う際に「そっと触れる」というかかわりがとても大切なように思います。

大事に育てている花は見て楽しむものですが、タンポポやカラスノエンドウ、ツユクサなどは摘むことができます。散歩の途中で摘んだら大事に持ち帰り、小さな花びんにさしましょう。野草には園芸種の花にはない可憐な美しさがあります。自分が摘んだ花が飾られ、「きれいね」とお母さんが言ってくれたら、子どもはとてもうれしいはずです。自然への関心は、このような日常の積み重ねのなかで蓄積されていきます。

風や雨、陽や影、空や雲などの急激な変化のように、大きな自然との出会いは心のなかにズーンと残ることでしょう。大切にしてほしいと思います。

急に空が暗くなり、雨がザーッと降ってきたときの驚き。大きな木の下で雨宿りをしたこと。水たまりをのぞくと空が映っていたこと。雲が流れていくのをいつまでも見ていたこと。記憶をたどると、いろいろ出てきます。

オノマトペを探して

2017.6

◆うれしい雨の日

雨の季節になりました。この季節は、こども園の玄関口がにぎやかになります。「おはよう。早くお入りください」と声をかけたり、「ご自由に！」というタオルのかごを用意したりします。雨に降られているという状況は、人と人との距離を縮める力をもっているようにも思えます。

私が勤める園は玄関口が狭いのが悩みの種ですが、譲り合って何とかしています。互いを思いやる生活は、こんなところにも表れるのかもしれません。

ある雨の日、こども園へと向かう道で1歳児クラスの親子に出会いました。「雨、大変ですね」と声をかけると、「雨、好きなんですよ、ね！」という答えが返ってきました。よく見れば、カッパを着て長靴を履いたその子は、にっこり笑顔だったのです。うれしい雨、待っていた雨だったのですね。「うれしい雨」と思ったとたん、雨の日が違うふうに感じられたことを覚えています。

◆ポツン、ダダダ、キラキラ

大人の傘の中に入って歩いたり、雨よけのシートをかけられたベビーカーの中に座りながら、子どもたちはどんなふうに雨の音を聞いているのでしょうか。雨が降りだしたときには、「ポツン、ポツン」とノックするような音、次々に降りだしたときには「ダダダ」とたたきつけるような音など、きっといろいろなふうに聞こえているのでしょうね。

「ポツン」「ダダダ」といった表現のことを「オノマトペ」といいます。擬音語・擬声語・擬態語をフランス語で包括的にさしており、日常の表現に織り交ぜることで、物事のようすがより伝わりやすくなる、とても便利な言葉です。

オノマトペは、日々の生活のなかでなくてはならない存在だといわれていますが、このオノマトペを最もよく見つけて使うのが小さな子どもたちです。見たまま、感じたままを言葉にする子どもたちは、身のまわりで起こっていることをよく見て、よく聞いて、いろいろに感じとります。そして「あ、あ!」と言ったり、指をさしたり、声に出したりします。その言葉を、そばにいる大人も同じように声に出すと、子どもは通じたと感じるからでしょうか、とても喜びます。

雨の日は、オノマトペを見つけるのにピッタリです。雨上がりもいいですね。おひさまが急に出てきて「キラキラ」、水たまりに飛びこんで「バッシャーン」。うれしい音がいっぱいです。オノマトペ探し、楽しんでみてください。

心を動かして感じる夏！

2017.8

◆感覚をとぎすます

7月は天気が大きく変化する月です。梅雨の名残が残っていて雨が続くかと思えば、急に晴れ間が広がり、夏の日ざしがさしこむこともあります。

このような変化を敏感に察知するのが小さな子どもたちです。子育て中は、子どもと同じように感覚をとぎすませて生活すると楽しさが広がります。

雨が上がったら、片づけなどは簡単にすませ、長靴を履いて外に出てみませんか。あちこちにできた大きな水たまりに青空が映ってとてもきれいです。バシャバシャと中に入ってみれば水面に波紋が広がります。水たまりが浅いからこそできる遊びです。こんなときは水がはね上がっても大丈夫な黒系の服を着ると、汚れることを気にしないで遊べます。

私は小さいころ、水たまりに手を入れて魚を捕まえるのが好きでした。魚は絶対にいませんが、落ち葉をスーッとすくい上げる感覚が魚のようで夢中になりました。今でも水たまりを見ると魚を探してしまいそうになります。

暑い日々が続くと大人は大変ですが、子どもは朝からパワー全開！　そんな姿を見ると、輝く太陽が元気を連れてくるのかも、と思えてきます。太陽光を浴びると、情緒の安定につながる幸せホルモン「セロトニン」が分泌されます。

外で遊びたがる子どもの要望に背中を押されて外に出ると、やりたいことがいっぱいあって、遊んでいたいと主張する子どもにしばらくつきあうことになるそのあいだ、お母さんやお父さんのからだの中には幸せホルモンが蓄積されていっているのです。すてきだとは思いませんか？ 厳しい暑さの時間帯は避け、朝食後や、夕方のほっとした時間に外に出て、のんびり過ごしてみましょう。

◆目標をもたずに遊んでみよう

外では、子どもの気持ちのままに過ごせたらいいですね。入り組んだ道を進んでみたり、何かを見つけてしゃがみこんだりして、子どもの動きに合わせてみましょう。目標はもたずにゆっくり過ごす時間が、子どもにもとても楽しい時間になります。空に広がる入道雲を見上げ、いろいろな形を見つけて遊ぶのも楽しいですよ。高く盛り上がり、大入道のように見えることから名づけられたという入道雲。「俗称」ですが、ずっと昔の夏の日に、大きな雲を見つけた誰かが「大入道みたい！」と言ったひと言がきっかけだとしたら、それは親子の会話だったのかもしれませんね。

遊びの思い出MAP

2019.9

◆〝自分の根っこ〟を確認

私は大学で保育学を教えています。「子どもとは何か?」を考え合う授業では、「人間とは?」「自分とは?」という問いへ向かう深いテーマです。

この大切なテーマに迫るため、はじめに〝子ども時代を過ごした経験が自分の根っこになっている〟ことを確認する、「自分の子ども時代をたどる」時間を設けています。その中で、「心の中に刻まれた〈遊びの思い出MAP〉」を描くようにしています。

「えー! 子どものころを覚えていない!」と言う学生に、「やってみよう!」と呼びかけます。思い出しながら描いていくので、遠くを見るようなまなざしになり、しだいに「あー」という声や笑みがこぼれはじめます。

どうやら時間旅行が始まったようです。

◆記憶をたどって気づく

自宅を起点に道や小学校、友達の家、公園の位置と、そこでしたことや情報(こわいおじさんがいた! よくほえる犬がいた! など)も加えていくと、だんだんおもしろくなっていきます。思い出がよみがえってくる学生たちのうれしそうな表情は印象的でした。でき上がった地図を見ながら、「やったよね」「私もそれ好きだったな」と、4～5人で語り合いが始まります。

記憶をたどる作業は、子ども時代の心持ちを連れてきます。人が育つ過程には、うれしいことだけでなく、つらいことや悲しいこと、こわいことやいやなこともあります。それらも記憶の一要素として地図に書きこみながら、語り合いは進みます。体験の意味について考え合う機会にもなるのですね。

放送大学でも同じことをしました。受講者は20～70代で職業もバラバラ。ここでは思い出の豊かさが広がり、地図にはそれぞれの記憶が鮮やかに刻まれていました。60～70代の方から出される「運動会では小学校の門のところに屋台が出た」「防空壕跡で遊んだ」「紙芝居のおじさんが来た」などの思い出に、若い受講者は目を丸くしていました。若者たちの反応が火をつけたかのように、年長者たちは子ども時代の記憶を次々と語ります。

あなたも子育て中の自分のなかに眠っている子ども時代の思い出を掘り起こして、遊びの思い出MAPを描いてみませんか？　きっと今につながることがあると思います。

一喜一憂しながら、親も育つ

2015.10

◆心がふるえる運動会

最近は春に運動会を行う小学校が多くなっているようですが、幼稚園や保育園、こども園の運動会は、やっぱり秋が主流ではないでしょうか。さわやかな秋空の下、子どもたちが元気いっぱい走ったり踊ったりする情景は本当にいいものだと思います。

今でも、わが子たちの運動会の記憶は鮮明に残っています。声をからして応援したり、小学生の組体操に感動したり、笑ったり泣いたり、たくさんの思い出がありました。なかでも、親になって初めて経験した運動会の思い出は忘れられません。

それは1歳になった長男が通っていた保育園の運動会でした。いろいろな種目がありましたが、特に鮮明に覚えているのは個人種目でした。

広い園庭のまん中にマットや小さな台が設置されていて、そこを上ったり下りたりします。競い合うものではなく、今できることを自分のペースでやってみよう！ という温かな雰囲気の競技でした。

この種目は、月齢の小さい順にひとりずつ行うやり方で、1月生まれの長男はトップバッター。私は不安と心配な気持ちで、観客席から身を乗り出すようにして見ていました。

先生が長男をマットの上にそっと乗せてくれました。「さあ、みんなで応援しましょうね」というアナウンスがかかり、大きい組の子どもたちが、「ケイゴ！　ケイゴ！」と長男の名前を呼んで応援を始めました。会場じゅうに響く応援の声に驚きとうれしさを感じつつ、私は長男を見つめていました。

長男は、自分の名を呼ぶたくさんの声に少し驚いたのでしょうか。眉をちょっとしかめながら、まわりをゆっくり見まわし、それから少しずつ、本当に少しずつ、進んでいきました。

広い園庭のまん中で、ひとりでマットの上を進んでいく姿は、どこか心細げに見え、涙が出そうになったことを覚えています。そばに行きたいけれど行かれないという葛藤のなかで、切なくなっている自分がいました。

長男は精いっぱい頑張っているのに、すぐにでもそばに駆け寄りたくなってしまった自分のことを思い出すと、本当に若い母親だったなあ、と懐かしくなります。

１歳の競技のあとは、２歳、３歳の競技が続き、最後の５歳さんたちは、縄とびや一輪車に挑戦していました。その堂々とした姿を見ながら、長男もいつかこんなことができるようになるのかしら、と思ったものでした。

◆「外側」から子の成長を見る

運動会のいいところは、自分の子どもを見るだけでなく、ほかの年齢の子どもたちの姿にふれることができる、というところにあるように思います。

今は想像もできないけれど、いつかあんなこともできるようになるのかもしれないと、成長を楽しみにする気持ちが広がる機会になればいいな、と思います。それは、あこがれの気持ちにも似た漠然とした期待です。そのために今から努力する！ なんてことは考えないで、夢のような気持ちで「いつか」にまなざしを向けることです。

「子育ては親育て」とよく言います。子どもが育つようすを見て一喜一憂しながら、少しずつ親としての自分も育っていくのかもしれません。そのきっかけのひとつとして「運動会」があるように思います。

澄みわたる青空の下で、「今」という時を懸命に生きているわが子の姿を、外側からしっかりと見るチャンスとして、大事にしていきたいですね。

名前を知ることから始まるつながり

2019.1

◆「つながり」と「違い」の発見

スウェーデンから2人のお客さまをこども園にお迎えしました。

お客さまは子どもたちにわかるように、ゆっくりはっきり名前を伝え、子どもたちもなぞるように発音すると、それでいいのよ、というほほえみを返してくださいました。名前を知る、その名前を言ってみる、そのことだけで親しさが生まれてくるから不思議です。

子どもたちから質問の手があがりました。「スウェーデンにはどんな生き物がいますか?」。2人は少し考え、「エルクよ」と答えました。子どもたちは「?」という表情です。それを見て、両手を頭の上に持っていき、広がった角の形を作って教えてくれました。エルクとは「ヘラジカ」のことだったのです。

今度は、お客さまから子どもたちに質問。「日本の森にはどんな生き物がいますか?」。子どもたちはまた「?」という表情になりました。「森って?」と考えたのでしょう。ひとりから「タヌキ」という声があがると、マムシ、ハクビシン、イノシシなど、次々と出てきました。自分たちの身のまわりに生き物がいることを子どもたちは知っていたのです。その国の生き物を知ることで、子どもたちは何を感じているのでしょうか。つながっているという思いと、違っているという発見、その両方を味わっているのかもしれません。

◆「同じこと」があるうれしさ

私も質問をしました。「スウェーデンで子どもたちに歌って聞かせるような歌はありますか？」。すると2人は、すてきな歌を歌ってくれました。眠っているくまさんという歌です。私は躍り上がりそうになりました。同じような歌が日本にもあるのです。それは『むっくりくまさん』※。くま役の子どもが円の中央に目をつぶってしゃがみ、周囲を子どもたちが手をつないで、「むっくりくまさん、むっくりくまさん」と歌いながら回る、とてもかわいくて大好きな遊び。そのルーツはスウェーデンだったのです！　地球は丸い、地球はひとつ、ということを実感した出会いでした。

国によって違うこともあるけれど、同じこともある。自覚しないまま同じことをしているのかもしれませんね。かけがえのない地球の住民である私たち。いろいろな出会いを大切にしながら、目の前の日々を大切に積み重ねていきたい。その始まりの一歩は、相手の名前を知ることなのかもしれません。

※日本語歌詞：志摩桂

一年のしめくくり

2015.12

◆夢見る時間をプレゼント

12月と言えばクリスマス。赤ちゃんといっしょのクリスマスのうれしさは格別です。赤ちゃんのために、あれもこれもしてあげたくなるかもしれませんが、何よりも大切なのは「心の贈り物」だと思います。心の贈り物って何だと思いますか？　それは、夢見る時間をプレゼントするということです。

サンタクロースのおじいさんが、大きな袋をそりに乗せて鈴を鳴らしながらやってくる姿をイメージしたとき、心にポワッと暖かな火が灯るように感じませんか？「サンタさんは今ごろどこにいるのかしら？」と、空を見上げた記憶は誰にもあるのではないでしょうか。人間には、想像する力があります。想像することで心がワクワクし、思わず笑顔になる。想像力って、本当に魔法みたいだなあと思います。

誰もがかつてはみんな子どもでした。小さかった自分が見ていた夢を、今度は、小さなわが子といっしょに見ていく。それは、親が担うべき、とても大切な役割ではないかと思います。夢見る時間を過ごすなかで、夢見る力は育っていきます。小さなころにこそ育みたい、大切な力なのです。

想像の世界の扉を開くきっかけに、絵本を活用してみましょう。私の子どもたちが大好きだった絵本を2冊紹介します。

1冊目は、『まどから おくりもの』※。1歳ごろから楽しめるしかけ絵本です。窓から見えた動物の姿に合わせて、プレゼントを置いていくサンタさん。ところがページをめくるとまったく違う動物！ ページをめくるたびに驚きがあり、何度も「読んで！」とリクエストされました。

2冊目は、『サンタクロースとれいちゃん』※。サンタさんが背中にかついだ大きな袋には穴があいていて、そこからおもちゃがポトリ…。そのことに気づかないサンタさんのあとからついてきたれいちゃんは、「また落ちた」と言いながらおもちゃを拾っていきます。その姿のなんてかわいいこと！ 私はこの話を読んでいると、なぜだか涙が出てきてしまうのです。サンタさんを待つれいちゃんの気持ちが伝わってきて抱きしめたくなります。

2〜3歳ごろからの絵本かなと思いますが、お母さんが自分へのプレゼントとして購入してもいいかもしれませんね。手のひらサイズの小さな絵本は、旅先にも持っていけます。

クリスマスを題材にしたすてきな絵本はほかにもたくさんあります。いろ

※作・絵：五味太郎／偕成社
※※『クリスマスの三つのおくりもの』より。作：林明子／福音館書店

いろ探してみてください。

◆ゆるやかな気持ちで年越しを

親になって迎える年の瀬は、今までとはまったく違うもののように感じませんか。それは、生活のひとつひとつをわが家らしくつくっていこうという気持ちが、お母さんやお父さんの中に芽生えてきているからかもしれません。こうして少しずつ家族らしくなっていくのでしょうね。

小さな子どもがいると、大掃除も正月の準備もなかなか大変です。家じゅうピカピカにしてお節料理もしっかりと、なんて完璧を求めたりしないで、できることをできる形で、くらいの気持ちでいるといいですね。大切なのは、過ぎた日々を振り返りつつ、新しい年に思いを馳せる時をもつ、ということなのですから。

今年もいい年でした。来年もまたよい年になりますように、そんな願いをこめながら、おもちゃを少し片づけたり、本棚を整理したりする。すると棚のすみっこから、すっかり忘れていたお気に入りのおもちゃが出てきて大喜びしたり…。それもまた楽しい年越しシーンですね。

たくさんの「初」を楽しもう!

2016.1

◆新年には家族写真を

新しい年になりました。初日の出、初夢、初詣と「初」がつくことが並びます。新年は何だかうれしいですね。12ヵ月というサイクルで私たちの生活がまわっていくからこそ、「よし、今年は!」と気分を一新できる。新年はいいものだな、と思います。

赤ちゃんは日々大きくなっていきます。「今」という時を刻みつけておくために、新年という節目に家族写真を撮ってみたらどうでしょう。

おじいちゃんやおばあちゃん、おばさん、おじさんなど居合わせた人全員に入ってもらい、「今年の一枚」を。年のはじめの家族写真が積み重なると、それだけで家族の歴史のアルバムになると思います。

子どもが思春期にさしかかると、親子関係もギクシャクしがちになります。そんなとき、子どもに小さかったころの写真を見せるといいということを聞いたことがあります。思春期特有のイライラした気分が少しおさまり、素直な気持ちがよみがえるきっかけになるというのです。私もわが子とのことを思い返すと、そうかもしれないと思いました。

小さなころの写真を見ることは、親にも意味があるように思います。あどけないころのわが子の写真は、胸の奥がキュンとするような懐かしさを連れてきます。私自身も、写真の中に小さなわが子を抱きながら笑っている母親になりたての自分を見つけ、ハッとしたことがあります。

わが子をこの腕に抱けたことがうれしくてたまらなかった「始まりの気持ち」が、パァッとよみがえったのです。

◆知っているから伝えられる特別な感覚

お正月の遊びといえば「凧揚げ」。私の大好きな遊びです。幼稚園でも子どもたちといっしょに作って遊びました。小さな子どもでも作ることができるのは、はがき凧やダイヤ凧、ビニール袋製のグニャグニャ凧などです。

子どもたちは、凧を持つとうれしくなって走り出します。走る子どもの後ろで、風を受けた凧がスーッと揚がり、「あ、揚がったよ！」と声をかけると、子どもは振り向きます。その瞬間、走るスピードが遅くなってしまうので凧が下りてきてしまう。「今度こそ！」と、また走り出す子どもたち。冬の寒さをものともしない子どもたちの姿が、庭いっぱいに広がっていました。

上手に作った凧は、いい風が吹くと気持ちよく揚がっていきます。高く高く揚がった凧を見上げていた子が、「ぼくの凧、おひさまのところまで行ったよ！」と興奮して話してくれました。そのくらい高く揚がったんだな！　と感心しました。

本当の凧揚げは、いい風が吹くのを待ち、その風を上手に捕まえて揚げていくものなのです。そのおもしろさを私は大人になってから知りました。

手もとの糸がスルスルッと繰り出されていく感触とともに、青空に吸いこまれるようにぐんぐん小さくなっていく凧。風の変化によって、ふらっと下降するときがあってもあわてずに。クイックイッと糸を引けば、凧は状態を立て直してスイーッと揚がっていきます。

これら一連の動きはとてつもなくおもしろい感覚ですので、この感覚をまだ味わっていない方は、お子さんが赤ちゃんのうちにぜひ体験してみてください。お子さんといっしょに凧揚げを楽しむのはまだ先のことですが、今のうちに大人がその楽しさを味わっておくことをおすすめします。きっと奥深いおもしろさに出会えますよ。

元気に春を迎えるために

2016.2

◆お母さん、自分のからだも大切に

厳しい寒さが続くなか、お母さんたちは、子どもがカゼをひかないようにと気をつけながら過ごしていらっしゃるのではないでしょうか。子どもの病気は心配ですが、お母さんやお父さんが倒れると日常はまわらなくなります。

一生懸命頑張っているお母さんたちを見ると、「自分のからだも大切にしてね。無理しないでね」と声をかけたくなります。

幼稚園の副園長をしていたころのこと。朝、園の玄関で子どもたちを出迎えていると、ぐあいの悪そうなお母さんが来ました。

「大丈夫?」と声をかけると、「昨夜から調子が悪くて。でも子どもが幼稚園に行きたがるので、頑張って来ました」。私は「大変だったわね。保健室で少し休んでいって」と伝え、お母さんのようすを心配そうに見ていた子どもには、「お母さんは大丈夫よ」と声をかけました。すると子どもの表情は安らぎ、保育室へはずむようにかけ出していきました。

子育て中の親のからだは、自分だけのからだではなくなっています。できるだけ早めに対処して、こじらせないようにしてください。

たとえカゼをひいてしまっても、体調管理が不十分だったと自分を責めないでくださいね。いくら気をつけていても、かかるときにはかかってしまいますし、小さな子どもといっしょにいるということは、病気になりやすい状況なのですから。

◆伝統行事で育まれる心

2月の行事といえば節分です。幼稚園でも、鬼のお面や豆を入れる升を作り、元気いっぱいに豆まきをしました。

保育室や園庭で豆まきをしたあとは、保育室で年の数より1つ多い豆を食べました。そのとき、「自分のからだの中にいる鬼を退治しようね」と呼びかけると、子どもたちは真剣に自分の中にいる「鬼」について考えはじめます。

「自分の弱点は何だ?」と、真剣な表情で考えている子どもたち。子どもが考えている時間はとってもすてきです。私はそんな子どもたちを見ていると、ニコニコしてしまいます。

シンキングタイムが終了すると、「よし。泣き虫鬼を退治しよう」（パクリ）。「私は怒りんぼ鬼をやっつける！」（ポリポリ）。「かたづけ嫌い鬼を退治するぞ」（ムシャムシャ）。「お母さんにいつも早くしなさいって言われるから、おそおそ鬼（遅くなりがちな鬼）をやっつける！」（パクリ）など。それぞれに、「自分はこれ！」と決めた鬼は、なるほどね、と思うものばかりでした。

子どもたちは驚くほど自分のことをよくわかっています。もし、誰かに「○○ちゃんは、△△ができないから、それを退治すれば」と決められたとしたら、こんなふうに楽しくはならなかったはず。「自分で決める」ことが大切なのです。

幼稚園での豆まきのようすを紹介しましたが、伝統行事は本来、家庭や地域のものではないでしょうか。昔から伝わる季節の行事に赤ちゃんのころから親しんでいくことで、豊かな心が育っていきます。

まだまだ厳しい寒さが続く時期だからこそ、窓や戸を開け放ち、「鬼は外！　福は内！」と唱えて豆をまく。そうやって場を清めていくすがすがしさを家族で味わってください。春は、もうそこまで来ていますよ。

春を探しにでかけよう!

2017.2

◆春と冬のはざまの2月

立春を過ぎると暦の上では春になる2月ですが、実際には1年で一番寒い季節。東京でも雪が積もるほど降る時期です。インフルエンザや感染性胃腸炎など病気が流行し、小さな子をもつお母さんは気が休まらないでしょう。子どものことを第一に考えすぎると自分のことが後回しになってダウン! ということもあります。どうぞ自分のからだの声にも耳をすましてくださいね。

寒い季節に子どもたちと『ゆげのあさ』※をよく歌います。吐く息が白くなる自然現象が歌になっていて、子どもたちは大好きです。どんなに寒い日でも息を白く吐き出し、列車になりきって外を走り回ります。思い切り息を吐いて「見て見て!」。すごい発見をしているのでしょうね。

お母さんも一緒に息を吐けば「わー、すごい!」と感心されるかもしれません。

◆じっくり育つ、つぼみのように

この季節にぴったりの名作絵本『はなをくんくん』※※を紹介しましょう。

冬の森の中、雪の下で冬眠している野ねずみ、くま、小さなかたつむり…。

※作詞:まどみちお、作曲:宇賀神光利

ある日、とつぜんみんなは目をさまし、はなをくんくんさせながら雪の中をかけていきます。そうやって進んだ先で見つけたものは、雪の中に咲いた1輪の花でした。雪に包まれた森の中では、もう春の準備が始まっていたのです。

この絵本には春の訪れを心待ちにし、春が来たときの喜びが満ちあふれています。子どもたちと読んでいると、私も静かな森の中に入り込んで動物たちと「はなをくんくん」させて春を探しているような気持ちになります。

そのような目で周囲を見回すと、春の兆しがいろいろな所に訪れていることが見えてきます。チューリップの芽は少しずつ伸び、梅のつぼみも膨らんできました。よく見ないと気づかない変化かもしれませんが、その場でゆっくり過ごしていると見えてきます。「おや、いつの間にこんなところにつぼみが!」と、驚かされるうれしい変化です。これは子どもの成長とも似ています。冬の間にゆっくりじっくり蓄えられたものが力になって、厳しさの中で確実に大きくなってつく、その子らしいつぼみ。

温かな日差しのもと、春がすぐそこまで来ていることが感じとれます。寒い日にお子さんと『はなをくんくん』を読んでみてはどうでしょうか。そして、外へ出て春を探してみてください。どのような春が見つかるか、お楽しみです。

※※文:ルース・クラウス、絵:マーク・シーモント、訳:木島始　福音館書店

子育ての思い出の残り方

2017.3

◆のりきった先の春

3月になると、「春がきた!」と実感する瞬間があります。うれしい時期ですが、さまざまな区切りの月、なにかと心乱れる月でもあるように思います。

育児休業中の方は、4月からいよいよ保育園生活が始まります。腕の中で眠るわが子の顔を見ながら、いとおしさと切なさで胸がいっぱいになることもあるのではないでしょうか。私にもそんなときがありました。仕事に復帰する喜びと、育児と仕事の両立に対する不安もいっぱいでした。きょうだいを育てていると、上の子の入園・入学の準備が重なった場合は大忙しです。提出書類を書いたり、諸費用納入手続きなどがあったり、目が回るような感覚でした。

ここまで書いてきて思いました。子育ての記憶は「大変さ」とセットなのかもしれないと。大変だからツライというのではなく、なんとかのりきったから記憶に残るのかもしれません。大変さをいっしょに乗り越えてくれる人がいれば本当に心強いですよね。お連れ合い、おじいちゃんやおばあちゃん、ご近所の方やお友達、そばにいるいろいろな人たちの力を借りれば、春を迎えることに希望がもてるように思います。

新しい扉が開くのはもうすぐ

2018.3

◆不安を乗り越えて親になる

こども園でも年長さんたちは小学校へと巣立ちます。入学を目前に、子どもたちはランドセルの話で盛り上がり、小学校生活への夢を広げ、今すぐ飛び出していきそうです。成長は喜びそのものだと気づかされ、圧倒される思いがします。

一方、喜びと心配が入り混じった複雑な表情をしているのがお母さんたち。学校生活になじめるだろうか、友達はできるかしら、と不安はいろいろあるようです。でも、新しい生活を始めていくのは子どもたち自身。親が肩がわりはできません。元気に学校に行かれるように生活を整えていくこと、新しい学校生活に緊張しがちな子どもたちをまるごと受けとめること。それらが大切ですね、とお母さんたちに伝えます。

子どもの成長にともない、親は新しい喜びと不安に包まれますが、その不安を乗り越えて少しずつ親になっていくのだと思います。

5歳の子どもたちが小学生になると、小さな子どもたちがこども園に入ってきます。涙と笑いの4月がまもなく始まるのです。

でも、今はまだ3月。1年間の生活で培われた安心感をもとに、それぞれが自分らしく過ごしています。3月って、そんなふうにうれしい月。

赤ちゃんと過ごしているみなさんにとっても、3月は大事な月だと思います。春から夏、秋、冬を経て、赤ちゃんのなかに、そしてママのなかに培われたものを大切に確かめながら、新しい春の準備を進めてください。次の一年への期待をいっぱいにふくらませながら。

◆マイちゃんのチューリップ

チューリップの花を見ると、マイちゃんのことを思い出します。マイちゃんは3月生まれ。おもしろいことを見つけるのが大好きで、すぐにどこかへとんでいってしまうかわいい女の子でした。

ある秋、園で子どもたちとチューリップの球根を植木鉢に植えました。「きれいな花を咲かせてね」と、みんなでお願いしました。どの子の植木鉢にもかわいい芽が出はじめたころ、マイちゃんの鉢だけ芽が出ません。

マイちゃんは毎朝チューリップを見に来て、「マイちゃんのチューリップ出てこないね」「何してるのかなあ」と心配したり、「まだ寝てるの？　早く起きておいで」と、呼びかけたりしていました。

しばらくたち、ようやく芽が出ました。待ちに待った芽です。マイちゃんはうれしくてうれしくて、その芽に「よしよし」と、語りかけるようにして触れました。出てきたばかりの小さな芽にそっと触れながら、何度も何度も触れていました。

3月、チューリップの葉や茎がぐんぐん伸びていきました。まっすぐに空へと伸びていくチューリップに混ざって、ひとつだけ斜め方向に伸びているチューリップがありました。それはマイちゃんのチューリップでした。

「どうしてこんなことになっちゃったの?」と思ってよく見ると、芽の部分が少し横に曲がっていたのです。

芽が出てきたのがうれしくて、マイちゃんが毎日、「よしよし」してあげていたからなのでしょう。斜めに伸びていくチューリップを見ながら、マイちゃんの気持ちがかわいいと心から思いました。

マイちゃんのチューリップにも小さなつぼみがつきました。

さあ、花開く4月はもうすぐそこ。マイちゃんのように、うれしい気持ちをいっぱいもって、過ごしていきたいですね。

わからないから、見て、聞いて、心を寄せる

これまで、数多くの子どもたちやお母さん、お父さんと出会ってきました。保育者であり、3人の子の親であり、孫も4人いるというと、まるで子育てのプロのように見えますが、実際はまったく違います。子育てについて確信をもっているとは到底言えない状態、迷いの森に入りこみつづけている感じです。

そんな私ですが、ありがたいことに保護者から相談を受けることがあります。確固たる意見を持っているわけではないのに、「役に立ちたい」という思いは人一倍大きいので、心を傾けて保護者の話を聞きます。

たいていの悩みは、私自身がかつて抱いた悩み、あるいは、今も抱きつづけている悩みですから、「その感じ、わかる!」「私もそうだったな」という思いが自然にわいてきます。ここまでは絶好調なのですが、その思

いのままアドバイスをしようとしても、どうもパッとしません。「○○と思うけれど、△△かもしれない」「こうなったらいいな、と思うけれど、でも本当のところは…」と、話がぐるぐると回ってしまいます。いろいろな可能性を語りつづける私を見て、「いろいろやってみますね」と相談者自身が結論を言ってくれることもありました。

そんなふうに保護者と語り合いながら、「子ども自身は、どう思っているのかな？」という問いが浮かぶことがあります。その問いは、私の心のまん中にあって、いろいろなときに浮かんできます。

あるとき、「赤ちゃんが生まれて息子が不安定になっているんです。どうすればいいでしょう」と相談を受けました。その子は、そう言われてみると落ち着かないようにも見えました。でもそれは、「不安定」というものなのだろうか？　という小さな疑問がわきます。本人に聞けば、違う答えが出てきそうです。お兄ちゃんになってはりきっている気持ちの裏返しだったり、少し寂しい気持ちが表されていたり。不安定とは思っていない、そういうこともありそうです。

当の本人をさしおいて「今、○○な状態」と決めつけられてしまったら、あまりいい気持ちはしないように思います。それがあたっていたとしても、です。小さな子どもを見ていると、どう見ても眠そうなのに、「眠くない！」と言い張ることがあります。そんなとき、その子の主張を受けとめると、気がついたらスーッと眠っていた、なんてこともありました。強がって言っているとしたら、まずそこを大事にしたいと思います。

子どもの気持ちや思い、考えをまず大切にしよう。そんなふうに思うと、道の歩み方に迷うことが少なくなりそうです。

迷いの多い私ですが、いろいろ考えたあとにたどり着く答えは、「子どものことは子どもに聞いてみよう」ということ。そのために私がしている